# 鲁迅先生二三事

孙伏园 著

中国文史出版社

**图书在版编目（CIP）数据**

鲁迅先生二三事 / 孙伏园著 . — 北京：中国文史
出版社，2019.12

（素笔忆鲁迅）

ISBN 978-7-5205-1758-4

Ⅰ.①鲁… Ⅱ.①孙… Ⅲ.①鲁迅（1881-1936）—
生平事迹 Ⅳ.① K825.6

中国版本图书馆 CIP 数据核字（2019）第 269221 号

责任编辑：孙　裕
装帧设计：蒲　钧

出版发行：**中国文史出版社**

社　　址：北京市海淀区西八里庄 69 号院　邮编：100142
电　　话：010-81136606　81136602　81136603（发行部）
传　　真：010-81136655
印　　装：北京地大彩印有限公司
经　　销：全国新华书店
开　　本：787×1092　　1/16
印　　张：8.5
字　　数：78 千字
版　　次：2020 年 2 月北京第 1 版
印　　次：2020 年 2 月第 1 次印刷
定　　价：36.00 元

# 出版说明

　　为纪念鲁迅诞辰 140 周年，我们策划了"素笔忆鲁迅"丛书。按照"曾在某一时期与鲁迅有过交往"的原则，选录周作人《鲁迅的青年时代》，许寿裳《亡友鲁迅印象记》《我所认识的鲁迅》，许广平《鲁迅回忆录》，郁达夫《回忆鲁迅》、萧红《回忆鲁迅先生》（此二篇合为一种《回忆鲁迅》），孙伏园《鲁迅先生二三事》，冯文炳《跟青年谈鲁迅》，荆有麟《鲁迅回忆》，共八种。这些文字经过时间的淘洗存留下来，大多已成为研究鲁迅的必读篇目。

　　为了尽量保持作品原貌，我们全部使用了较早出版的版本进行适当加工。一是对一些异体字、标点符号等早期白话文的痕迹进行修正，以方便今天读者的阅读。二是由于几位作者个人情况迥异，以及原书初版年代上至20世纪30年代、下至50年代，不可避免地带有各个时代的烙印，有些文字、观点在今天看来或已不合时宜，而又与鲁迅生平没有直接联系，我们酌情做了处理。最后，我们适当插入了一些与鲁迅相关的老照片，希望对读者了解鲁迅的人生经历有所帮助。

编选工作如有不当之处，敬请读者谅解。

编　者

# 目　录

哭鲁迅先生　　　　　　　　　　　　001

《药》　　　　　　　　　　　　　　010

《孔乙己》　　　　　　　　　　　　017

《腊叶》　　　　　　　　　　　　　021

《杨贵妃》　　　　　　　　　　　　026

惜　别　　　　　　　　　　　　　　031

往　事　　　　　　　　　　　　　　036

鲁迅先生的少年时代　　　　　　　　041

鲁迅先生逝世五周年杂感二则　　　　047

鲁迅先生的几封信　　　　　　　　　052

追念鲁迅师　　　　　　　　　　　　059

五四运动中的鲁迅先生　　　　　　　064

鲁迅和当年北京的几个副刊　　　　　068

鲁迅和易俗社　　　　　　　　　　　072

附录一　《野草》英文译本序　　　　　　　　　　鲁　迅 078

附录二　鲁迅致日本友人山本初枝女士的信　　　　鲁　迅 080

附录三　关于知识阶级　　　　　　　　　　　　　鲁　迅 082

附录四　民元前的鲁迅先生　　　　　　　　　　　景　宋 090

附录五　从胡须说到牙齿　　　　　　　　　　　　鲁　迅 095

附录六　鲁迅先生在西安　　　　　　　　　　　孙福熙 105

附录七　长安道上　　　　　　　　　　　　　　孙伏园 109

# 哭鲁迅先生

像散沙一般，正要团结起来；像瘫病一般，将要恢复过来；全民族被外力压迫得刚想振作，而我们的思想界和精神界的勇猛奋进的大将忽然撒手去了。

鲁迅先生去世的消息，我于一天半以后才在定县得到。十月廿日的下午三点钟，我被零碎事情缠绕得还没有看当天的《北平报》，多承褚述初兄跑来告我这样一个惊人的消息。从此一直到夜晚，我就没有做一点工作，心头想的，口头说的，无非鲁迅先生。我没有哭。我本来不敏感，后来学镇定，最后却因受刺激多了，自然成就了麻木。但我觉得这一回我所受的刺激是近几年来少有的。

我回忆到廿五年以前去了。

我最初认识鲁迅先生是在绍兴的初级师范学堂。那一年是宣统三年（一九一一年），我十八岁，在绍兴初级师范学堂上学。浙江光复以后，绍兴军政府发表师范学堂的堂长是原来绍兴府学堂学监周豫才（树人）先生，就是日后的鲁迅先生。鲁迅先生到校和全校学生相见的那一天，穿一件灰色棉袍，头上却戴一顶陆军帽。这陆军帽的来历，以后我一直也没有机会问鲁迅先生，现在推想起来，大概是仙台医学专门学校的制服罢。鲁迅先生的谈话简明有力，内容现在自然记不得了，但那时学生欢迎新校长的态度，完全和欢迎新国家的态度一样，那种热烈的情绪在我回忆中还是清清楚楚的。

我是一个不大会和教师接近的人：一则我不用功，所以不需要请教；二则我颇厌倦于家庭中的恭顺有礼的生活，所以不大愿意去见师长。我和鲁迅先生的熟识却是因为职务，我那时正做着级长，常常得见学校的当局。记得一件奔走次数最多的事是学生轰走了英文教员，鲁迅先生的态度以为学生既要自己挑选教员，那么他便不再聘请了。我于是乎向校长和同学两方面奔走解释。那时鲁迅先生说："我有一个兄弟，刚刚从立教大学毕业回来，本来也可以请他教的；但学生的态度如此，我也不愿意提这个话了。"这指的便是周启明先生。同学听到这个消息以后，非要我努力请到这位校长的兄弟继任英文教员不可，但是我稚弱的言辞始终没有打动校长的坚决，英文讲席到底虚悬，只是年考时居然喜出望外地来了周启明先生给我们出题并监试。

鲁迅先生有时候也自己代课，代国文教员改文。学生们因为思想上多少得了鲁迅先生的启示，文字也自然开展起来。大概是在于增加青年们的勇气吧，我们常常得到夸奖的批语。我自己有一回竟在恭贺南京政府成立并改用阳历一类题目的文后得到"嬉笑怒骂皆成文章"八个字。直到现在廿五年了，我对这八个字还惭愧，觉得没有能负鲁迅先生的期望。

鲁迅先生不久辞了校长。后来知道鲁迅先生交卸的时候，学校里只剩了一毛多钱；也从旁处听见军政府如何欠付学款，及鲁迅先生如何辛苦撑持。那时候一切都混乱，青年们发现了革命党里也有坏人，给予简单的头脑一个不期待的打击。对于旧势力的抬头，这却是一个极好的机会。继任鲁迅先生做校长的，正如继任孙中山先生做总统的，这个对比，全国各地，无论上下，都极普遍。欠付学款的军政府，因为种种措施不妥，后来成了全绍兴攻击的目标，旧势力找到革命党的罅隙，乘机竭力地挣扎出来。青年们一般地陷入苦闷，我也不再进那个学校。

鲁迅先生跟着南京政府搬到北京，他的苦闷也许比一般青年更甚，只要看他在创作《狂人日记》以前几年，住在绍兴会馆抄古碑的生活就可知道。不过外面虽然现着异常孤冷，鲁迅先生的内心生活是始终热烈的，仿佛地球一般，外面是地壳，内面是熔岩。这熔岩是一切伟大事业的源泉，有自发的力，有自发的光，有自发的热，决不计较什么毁誉。例如向金陵佛经流通处捐资刻《百喻经》，又如刊行《会稽郡故书杂集》，这种不含丝毫名利观念的提倡文化事业，甚至一切事业，在鲁迅先生的一生中到处可以看得出来。

凡是和鲁迅先生商量什么事情，需要他一些助力的，他无不热烈真诚地给你助力。他的同情总是在弱者一面，他的助力自然更是用在弱者一面。即如他为《晨报副刊》写文字，就完全出于他要帮助一个青年学生的我，使我能把报办好，把学术空气提倡起来。我个人受他的精神的物质的鼓励，真是数也数不尽。当我初学写作的时候，鲁迅先生总是鼓励着说："如果不会创作，可以先翻译一点别国的作品；如果不会写纯文艺的东西，可以先写一点小品杂记之类。"许多人都是受到鲁迅先生这种鼓励得到成功的，我也用了鲁迅先生这话鼓励过比我更年轻的人，只是我自己太愚鲁，也太不用功，所以变成了例外。

至于为人处世，他帮忙我的地方更多了。鲁迅先生因为太热烈、太真诚，一生碰过多少次壁。这种碰壁的经验，发而为文章，自然全在这许多作品里；发而为口头的议论，则我自觉非常幸运，听到的乃至受用的，比任何经籍给我的还多。我是一个什么事情也不会动手的人，身体又薄弱，经不起辛苦，鲁迅先生教我种种保卫锻炼的方法。现在想起来真是罪无可逭：我们一同旅行的时候，如到陕西，到厦门，到广州，我的铺盖常常是鲁迅先生替我打的。耶稣尝为门徒洗脚，我总要记起这个故事。

在陕西讲学，一个月时间得酬三百元。我们有三个人不到一月便走了，鲁迅先生和我商量：只要够旅费，我们应该把陕西人的钱在陕西用掉。后来打听得易俗社的戏曲学校和戏园经费困难，我们便捐了一点钱给易俗社。还有一位先生对于艺术没有多少兴趣，那自然听便。西北大学的工友们招呼得很周到，鲁迅先生主张多给钱。还有一位先生说："工友既不是我们的父亲，又不是我们的儿子；我们下一趟不知什么时候才来；我以为多给钱没有意义。"鲁迅先生当时堵着嘴不说话，后来和我说："我顶不赞成他的'下一趟不知什么时候才来'说，他要少给让他少给好了，我们还是照原议多给。"

鲁迅先生居家生活非常简单，衣食住几乎全是学生时代的生活。他虽然做官十几年，教书十几年，对于一般人往往无法避免的无聊娱乐，如赌博，如旧戏，如妓院，他从未沾染丝毫。教育部的同人都知道他是怪人，而且知道这所谓怪者无非书生本色，所以大家都尊敬他。他平常只穿旧布衣，像一个普通大学生。西服的裤子总是单的，就是在北平的大冷天，鲁迅先生也永远穿着这样的单裤。

一天我听周老太太说，鲁迅先生的裤子还是三十年前留学时代的，已经补过多少回，她实在看不过去了，所以叫周太太做了一条棉裤，等鲁迅先生上衙门的时候，偷偷地放在他的床上，希望他不留神能换上，万不料竟被他扔出来了。老太太认为我的话有时还能邀老师的信任，所以让我劝劝他。

鲁迅先生给我的答话却是不平庸的："一个独身的生活，决不能常往安逸方面着想的。岂但我不穿棉裤而已，你看我的棉被，也是多少年没有换的老棉花，我不愿意换。你再看我的铺板，我从来不愿意换藤绷或棕绷，我也从来不愿意换厚褥子。生活太安逸了，工作就被生活所累了。"这是的确的，鲁迅先生的房中只有床铺、网篮、衣箱、书案这几样东西。万一什么时候要出走，他只要把铺盖一卷，网篮或衣箱任取一样，就是登程的旅客了。他永远在奋斗的途中，从来不梦想什么是较为安适的生活。他虽然处在家庭中，过的生活却完全是一个独身者。

鲁迅先生的北平寓所是他自己经营的。有一位教育部的同事李老先生最帮忙，在房屋将要完工的时候，我同鲁迅先生去看，李老先生还在那儿监工，他对我客气到使我觉察他太有礼貌了。我非常局促不安。鲁迅先生对他说："李先生不要太客气了，他还是我的学生。"李老先生的态度这才自然得多了。鲁迅先生自己待朋友，和朋友待他，大抵是如此侠义的。他把友敌分得非常清楚，他常常注意到某人是 Spy（特务），某人是 Traitor（内奸），一个没干过革命工作的或只是寻常知识社会或商业社会的人是不大会了解的。他们只了解酒食征逐的或点头招手的相好。而鲁迅先生的朋友大抵是古道热肠的。他后来同我说："你看李先生这种人真是好朋友，帮我那么多日子的忙，连茶水都不喝我一口的。"

李先生替鲁迅先生在北房之后接出一间房子去，用玻璃窗，近乎画室，作为鲁迅先生的写作场所，鲁迅先生和我便到这间房子中坐下。鲁迅先生说："我将来便住在这个老虎尾巴里。"因为这间房子是在全房屋的后面拖出一条去，颇像老虎之有尾巴；一直到鲁迅先生离开北平，一切写作及起居，都在这老虎尾巴之中。老虎尾巴的北面还有后园，自然是因为老虎尾巴而缩小多多了。散文诗《秋夜》的开头便说："在我的后园，可以看见墙外有两株树，一株是枣树，还有一株也是枣树。"这似乎便是鲁迅先生坐在老虎尾巴中创作的第一篇。

到厦门，到广州，我和鲁迅先生都在一起。鲁迅先生到一处新地方，都是青年心理，抱一腔很大的希望。厦门风景的阔大旷野，可做的工作之多，初到时给予我们的印象实在深刻。后来固然因为广东方面的不能推却，只有离开厦门到广东去，但是厦门的许多人事，我后来听鲁迅先生说，那真是初去时所不及料的。

广东给人的希望更多了。但是结果也和厦门一样。鲁迅先生后几年多用时间于写作，关于厦门和广州，都有详尽的记载；我却被武汉、欧洲、定县，这三段不同的生活所隔，有时翻阅鲁迅先生记载华南景物的文字，竟有如同隔世之感了。只是鲁迅先生从广州北返上海时，和我将要从上海动身赴欧洲时，这中间我们有许多次谈话的印象至今还是深刻的。我从欧洲回国，以后便长期住在华北的农村里，曾有三四次经过上海，总是匆促得很。周乔峰先生在商务印书馆，访问比较方便，有时也正值鲁迅先生的住址不能公开，我于是只求乔峰先生代为问好，屈指一算违教已经八年了。

鲁迅与孙伏园等人的合影。前右一为鲁迅，后右一为孙伏园。

十月廿日下午三点钟的消息，勾起我廿五年来的回忆。这回忆，用了廿五年的时间，清清楚楚地写在我的生活上，我无论如何没有法子再用笔墨翻译成文字的了。能翻译的也许只是最不精彩的一部分。

廿一日我到北平，廿二日往谒周老太太。鲁迅先生的客厅里原来挂着陶元庆先生所作的木炭画像，似乎略移到了居中一点；即在这画像前供了一张书案，上有清茶烟卷文具；等我和三弟春苔都凄然地致了敬礼，周太太陪我们到上房见老太太，先看见鲁迅先生的工作室"老虎尾巴"依旧，只是从此不会再有它的主人骑在上面，作鞭策全民族往前猛进的伟业了。

周老太太自然不免悲戚，但是鲁迅先生的伟大，很看得出大部分是秉承老太太的遗传的，只是老太太比鲁迅先生更温和、慈祥、旷达些。"论寿，五十六岁也不算短了；只是我的寿太长了些；譬如我去年死了，今年不是什么也不知道了么？"听老太太这话，很像是读鲁迅先生的文章，内含的哲理和外形的笔法都是相像的。老太太今年才八十，这样的谈风实在是期颐的寿征。只是周太太的凄楚神情，不禁也令我们感动。

"绝望之为虚妄，正与希望相同。"对于鲁迅先生躯体的生存，我们是已经绝望的了；但我们诵鲁迅先生的这句遗教，知道绝望也是虚妄的，那么我们还是转到希望一面，也许希望比绝望少虚妄一些，我们希望鲁迅先生的思想精神永远领导着我们勇猛奋进罢。

## 《药》

一

　　鲁迅先生去世，我于悲痛之余，常常想到他的许多作品，特别是那些早期的，我大抵先读原稿，再读杂志，更读合集，不但读过很多回，而且曾听鲁迅先生自己讲述他那创作某篇时的动机、背景和艺术，所以至今印象还很清楚的。例如《药》。

　　《药》描写群众的愚昧，和革命者的悲哀；或者说，因群众的愚昧而来的革命者的悲哀；更直截说，革命者为愚昧的群众奋斗而牺牲了，愚昧的群众并不知道这牺牲为的是谁，却还要因了愚昧的见解，以为这牺牲可以享用，增加群众中的某一私人的福利。

## 二

《药》的内容分四段。第一段述小茶店的少东华小栓患
肺痨，老夫妇华老栓和华大妈计划着去买刑场上塞在斩犯颈
口的血馒头来医治，老栓亲手持钱往刑场去买，看见刑场上
的种种。这斩犯就是革命者夏瑜。

第二段述华老栓拿了用革命者的血染红了的馒头到家，
老夫妇用灶火把血馒头拿荷叶包着煨熟，天天必到的茶客驼
背五少爷闻到人血的香味，问"你们吃什么点心呀？"没有
人回答。"炒米粥么？"还是没有人回答。小栓却在老父母
的抚慰下把煨熟的"两半个白面的馒头"吃下了。

第三段述茶客们谈论夏瑜的案子。人物有康大叔，他是
替华家帮忙接洽购买血馒头的人，他知道夏瑜一案的底细；
有花白胡子，有二十多岁的人，有驼背五少爷，三人只是一
般的茶客，连康大叔所讲也不大明白了解。康大叔讲到的人
物有夏三爷，他是夏瑜的叔叔，因为首先去告官，得了工作
廿五两赏银；有红眼睛阿义，是"管牢的"狱卒，他想向夏
瑜去"盘盘底细"，并"榨一点油水"，不料夏瑜竟劝他造
反，说"这大清的天下是我们大家的！"阿义"便打他两个
嘴巴"。

第四段述夏瑜的母亲夏四奶奶去上夏瑜的坟，小栓的母
亲华大妈也去上小栓的坟，在坟场相遇，两人都是花白头

发，但是谁也不知道谁的儿子曾经吃过谁的儿子的血。只是夏瑜的坟上有一圈红白花，使夏四奶奶发愣，也使华大妈发愣，但是谁也不知道"这是怎么一回事呢？"

三

《药》的内容是这样一个叫人窒息的悲剧，而有一幅广大的幕，笼罩这全部悲剧的，便是群众的愚昧。

一个大时代的来临，只有孤孤单单的一个夏瑜看出来，喊出来，做出来了。四周却弥漫着愚昧，愚昧，愚昧。

夏四奶奶虽然生得出一个革命者的儿子，她却了解不了一个革命者的儿子。她因为慈爱自己的儿子，所以她会说："瑜儿，可怜他们坑了你，他们将来总有报应，天都知道！"可是她把坟上的花环误认为夏瑜显灵，她希望乌鸦飞上夏瑜的坟顶，她依然免不了慈爱的愚昧。

华氏老夫妇也是慈爱的愚昧：他们相信人血馒头可以医治他们儿子的肺痨，他们不知道这个革命者的血是为他们的幸福而流的，但是他们对于儿子是够慈爱的了，这不是慈爱的愚昧是什么？

夏三爷，红眼睛阿义，康大叔，是一类。夏三爷不了解侄子的行为，却把侄子的生命换了二十五两银子；红眼睛阿义不接受夏瑜的宣传，却打夏瑜两个嘴巴；康大叔称赞"夏三爷真是乖角儿，要是他不先告官，连他满门抄斩，现在怎样？银子！"他骂夏瑜："那个小家伙不要命，不要就是了……这小东西也真不成东西！关在牢里，还要劝牢头造反。"这三个人都是凶狠的愚昧。

花白胡子，二十多岁的人，驼背五少爷，是一类。他们三个人对于"红眼睛阿义打了夏瑜两个嘴巴，而夏瑜还说红眼睛阿义可怜"这一件事，自始至终没有法子了解；结果有一个人提出"疯了！"的答案来，大家都心满意足了。这无以名之，名之曰茫漠的愚昧。

夏瑜便在这用种种愚昧织成的幕下牺牲了。

## 四

夏瑜两个字显然是从先烈秋瑾这名字来的。刑场在有四个黯淡的金字的破匾的丁字街头，也显然就是秋先烈殉难的绍兴"古轩亭口"。不过鲁迅先生描写的往往是类型，绝不黏着一件个别的事物。所以夏瑜"不就是夏四奶奶的儿子吗？"忽然由女子化为男身了。老栓小栓这类名字，显然是北方人的，一点没有江浙的色彩。国语文学由鲁迅先生奠了基；因为是国语文学，所以描写类型的作品，往往是中国的而不是某一地方的，用到中国的无论哪一部分都可以通。

瑜儿坟上的一个花环，鲁迅先生本来不主张放。他在《呐喊》的自序上说："既然是呐喊，则当然须听将令的了，所以我往往不恤用了曲笔，在《药》的瑜儿的坟上凭空添上一个花环，在《明天》里也不叙单四嫂子竟没有做到看见儿子的梦，因为那时的主将是不主张消极的。"事实上，一个革命者的坟头有着瞻仰礼拜的人也很合理。如果我们把夏瑜认作秋先烈，那么，吴芝瑛、徐寄尘几位先生似乎都去过，各地学生也有偷偷结队前往的，我自己那时虽只有十三岁，也曾到府山脚下去瞻礼过秋先烈的白木棺材。如果花环只是象征也有亲属以外的人上坟，那么我敢相信，夏瑜的坟头祭扫者决不会只有夏四奶奶一人。鲁迅先生虽然以为"用了曲笔添上"这花环，只是"因为那时的主将是不主张消极的"。我则以为有了花环也还是很自然，愚昧的群众中往往有极少数极少数比较清醒，各各他地方的耶稣十字架下还不是跪着一堆人吗？

## 五

鲁迅先生和我说过，在西洋文艺中，也有和《药》相类的作品，例如俄国的安特来夫，有一篇《齿痛》（原名 Ben Tobit），描写耶稣在各各他钉在十字架上的那一天，各各他附近有一个商人患着齿痛。他也和老栓小栓们一样，觉得自己的疾病，比起一个革命者的冤死来，重要得多。

《齿痛》的主人翁般妥别忒，当齿痛的时候，"有好几次，小孩们跑到他身边，用急促的声音，对他讲拿撒勒的耶稣的事。般妥别忒立定，暂时听他们的话，歪着脸，但他便即发怒顿脚,将他们赶走。他是一个和善的人,很爱小孩的,但现在因为他们用这样小事来烦扰他,他所以生气了。"把耶稣钉死的事当作"这样小事",这和小茶店里的茶客们谈论夏瑜,真是如出一辙。

《齿痛》从头到尾描写齿痛对于般妥别式的重要,而把耶稣的钉死轻轻带起几笔。《药》也有相像的作风,更加厉害的是众人对于夏瑜的轻蔑、奚落和唾骂。

还有俄国的屠格涅夫五十首散文诗中有一首《工人和白手的人》,用意也是仿佛的。白手的人是一个为工人的利益而奋斗至于牺牲的人。他的手因为带了多时的刑具,没有血色了,所以成了白手。他是往刑场去被绞死的。可是俄国乡间有一种迷信,以为绞死的人的绳子可以治病,正如绍兴有一种迷信,以为人血馒头可以治肺痨一样,所以有的工人跟着白手的人到刑场去,想得到一截绳子来治病。不知不觉中,革命者为了群众的幸福而牺牲,而愚昧的群众却享用这牺牲了。

## 六

对于群众的愚昧,我个人的看法,以为一则不必否认而乐观,再则不必是认而悲观。许多太乐观的人,以为群众的力量如何如何伟大,或以为"群众一点也不愚昧,只有我们才真愚昧!"这在我看来,觉得不近事实。有的太悲观的人,以为群众永远是这样愚昧下去，先知先觉的人永远是这样被误解下去，那在我看来，也觉得不近事实。

群众是可以教育的。群众蕴蓄着无限的可能性。愚昧是一时的现象，是由种种原因造成的。我们希望因为教育的缘故，群众的智慧一天一天地能和先知先觉者的智慧减少距离；先知先觉者因群众的愚昧而牺牲的事也一天一天地减少；国家的法律对于特异的思想和言论，一天一天地能有更多的容忍；政治上有地位，社会上有势力，思想界有贡献的权威们，对于一个或多个鲁莽的青年们的言论举动，一天一天地能有一番考虑，能设身处地地加以一番原谅，还能自己问自己会不会有意无意地成了《药》中的康大叔、夏三爷、红眼睛阿义或花白胡子、驼背五少爷、二十多岁的人，有眼不识泰山，轻轻地把夏瑜放过，让他冤沉海底，永远懊悔不过来。冤沉海底是没有再起来的希望的，死后的铜像、祀典、史传、抚恤，都不能赎回当初的愚昧。

教育的力量不是谁能教谁或是谁必须受教的问题，而是群众对于知识的信赖、对于情感的制抑、对于仁爱的培养的一个总态度造成的问题。我相信群众的这个态度一定能逐渐地造成，就是距离愚昧一定能日远一日。

我还是相信鲁迅先生的花环放得合理。

# 《孔乙己》

我尝问鲁迅先生，在他所作的短篇小说里，他最喜欢哪一篇。

他答复我说是《孔乙己》。

有将鲁迅先生小说译成别种文字的，如果译者自己对于某一篇特别有兴趣，那当然听凭他的自由；如果这位译者要先问问原作者的意见，准备先译原作者最喜欢的一篇，那么据我所知道，鲁迅先生也一定先荐《孔乙己》。

鲁迅先生自己曾将《孔乙己》译成日文，以应日文杂志的索稿者。

《孔乙己》的作者，把创作的镜头，放在一个小酒店学徒的身上，凭了他来摄取一个酒店顾客（孔乙己）的肖像。

"孔乙己是站着喝酒而穿长衫的唯一的人。"原来鲁镇咸亨酒店的顾客有两类。第一类："做工的人，傍午傍晚散了工，每每花四文铜钱买一碗酒，——这是二十多年前的事，现在每碗要涨到十文，——靠柜外站着，热热的喝了休息；倘肯多花一文，便可买一碟盐煮笋，或者茴香豆，做下酒物了，如果出到十几文，那就能买一样荤菜，但这些顾客，多是短衣帮，大抵没有这样阔绰。"第二类："只有穿长衫的，才踱进店面隔壁的房子里，要酒要菜，慢慢地坐喝。"孔乙己却在两类当间，不属于哪一类，所以说是"站着喝酒而穿长衫的唯一的人"。

他有士大夫阶层的知识程度，所以他开口便是"之乎者也"，一般顾客连掌柜在内都不懂。他有士大夫阶层的疏懒习惯，虽然"写得一笔好字，替人家抄书，换一碗饭吃，可惜好喝懒做，坐不到几天，便连人和书籍纸张笔砚，一齐失踪。"只是他没有士大夫阶层的经济背景和处世技术，而仍有士大夫阶层的体面问题，"偶然做些偷窃的事"，却争辩道"窃书不能算偷"，甚至被人打断了腿，还低声说道"跌断，跌，跌"。以后他一定忍受不住这样苦痛的生活而死了。

文中所提的"鲁镇"，在作者的小说中有好几处提到，实在是一个创造的地名；我想这个地名所包含的内容就是作者的父系故乡（绍兴城内都昌坊口）和母系故乡（绍兴东皋乡安桥头）的混合体，我们到那两处附近去，一定可以寻到许多迹象。

而"咸亨酒店"却是一个真店号，就在都昌坊口，作者故里的斜对门，我还见过多少回，大概至今还在，这种小规模的老字号是不大容易倒闭的。

《孔乙己》中的主角孔乙己，据鲁迅先生自己告我，也实有其人，此人姓孟，常在咸亨酒店喝酒，人们都叫他"孟夫子"，其行径与《孔乙己》中所描写的差不多。

何以鲁迅先生自己最喜欢《孔乙己》呢？我简括地叙述一点作者当年告我的意见。

《孔乙己》作者的主要用意，是在描写一般社会对于苦人的凉薄。

对于苦人是同情，对于社会是不满，作者本蕴蓄着极丰富的情感。不满，往往刻画得易近于谴责；同情，又往往描写得易流于推崇。《呐喊》中有一篇《药》，也是一面描写社会，一面描写个人；我们读完以后，觉得社会所犯的是弥天大罪，个人所得的却是无限同情。自然，有的题材，非如此不能达到文艺的使命；但是鲁迅先生自己，并不喜欢如此。他常用四个绍兴字来形容《药》一类的作品，这四个绍兴字我不知道应该怎样写法，姑且写作"气急飑尴"，意思是"从容不迫"的反面，音读近于"气急海颓"。

《孔乙己》的创作目的既在描写一般社会对于苦人的凉薄，那么，作者对于咸亨的掌柜，对于其他的顾客，甚至对于邻舍孩子们，也未始不可用《药》当中处理康大叔、驼背五少爷、红眼睛阿义等的方法来处理他们。一方面固然是题材的关系，《药》的主人公是革命的先烈，他的苦难是国家民族命运所系，而《孔乙己》的主人公却是一个无关大局的平凡的苦人；另一方面则是作者态度的"从容不迫"，即使不像写《药》当时的"气急尪尬"，也还是达到了作者描写一般社会对于苦人的凉薄的目的。鲁迅先生特别喜欢《孔乙己》的意义是如此。

# 《腊叶》

鲁迅先生的散文诗集《野草》当中包含散文诗二十三篇，第二十一篇是《腊叶》。

讽诵、欣赏、研究一篇文艺作品，只注意它的外形与内涵本来也就够了；就《腊叶》论"腊叶"，不是一篇简洁、明快、犀利、深刻的散文诗了吗？至于作者当时的动机等等，置之不论也没有什么不可的。

不过《腊叶》写成以后，先生曾给我看原稿；仿佛作为闲谈似的，我曾发过一次傻问：何以这篇题材取了"腊叶"。先生给我的答案，当初便使我如获至宝，但一直没有向人说过，至今印象还是深刻，觉得说说也无妨了。

"许公很鼓励我，希望我努力工作，不要松懈，不要怠忽；但又很爱护我，希望我多加保养，不要过劳，不要发狠。这是不能两全的，这里面有着矛盾。《腊叶》的感兴就从这儿得来，《雁门集》等等却是无关宏旨的。"这便是当时先生谈话的大意。

"许公"是谁，从谈话的上下文听来，我是极其明白的。鲁迅先生的熟朋友当中，姓许的共有五位。第一位自然是许季茀先生寿裳，那是先生幼年的朋友，友谊的深挚，数十年如一日的。第二位是许季上先生丹，一位留学印度，研究佛经的学者，先生壮年的研究学术的朋友，可以说是先生的道义之交。还有三位都是较晚一辈的少年朋友：一位是少年作家许钦文先生，一位是钦文的妹妹许羡苏女士，还有一位则是许广平女士景宋。我常常私议：鲁迅先生的好友当中，姓许的占着多数，"许"字给予先生的印象是最好的。

但是那时先生口头的"许公"，绝不是其他四位，确指的是景宋先生。景宋先生初在报上发表文字，钱玄同先生便来打听我："景宋的文字像是一个熟人所写，景宋到底是谁呢？"

我的答复便说，"是许公。"

"啊，我知道了，当然是她。她要景仰宋广平，所以自号'景宋'喽。"

我把这话告诉鲁迅先生，先生却说："玄同完全错了，你对他说，他的推理是完全靠不住的。我告诉你：许公的母亲姓宋，她为景仰母亲，所以自号'景宋'；至于她名'广平'，也和宋广平全不相干，只是广东的风气，常常喜欢把地名放在名字当中，例如她名'广平'，她的妹妹名'东平'，何尝有宋广平的影子呢？"

关于这一段话，我以后没有机会再问景宋先生，但鲁迅先生既如此说，我想一定是不错的。

鲁迅先生知道景宋先生如此之深，景宋先生又鼓励和爱护鲁迅先生如此之切，我那时便感觉他们两位的情感已经超出友谊以上了。

鲁迅先生自己在《野草》英译本序言中，曾经提示了几篇的创作用意，关于《腊叶》只有一句话，原文不在手边无法引用，但我记得与先生当年和我所谈完全相合，仿佛有"对于爱我者的感激"等字样。[1] "爱我者"当然是许景宋先生。

《腊叶》的原文不过四五百字，而含蓄的意义是很深长的。以"灯下看《雁门集》，忽然翻出一压干的枫叶来"一句话开始，作为全篇三节中的第一节。"一片压干的枫叶"便是"腊叶"的字义解释。

第二节记"去年的深秋"怎样把这片枫叶"夹在刚才买到的《雁门集》"里。

"繁霜夜降，木叶多半凋零，庭前的一株小小的枫树也变成红色了。我曾绕树徘徊，细看叶片的颜色，当他青葱的时候是从没有这么注意的。他也并非全树通红，最多的是浅绛，有几片则在绯红地上，还带着几团浓绿。"这三句描写

---

[1] 原文出自《二心集》："《腊叶》，是为爱我者的想要保存我而作的。"
见附文一。

"腊叶"在未被摘下，未被夹入以前，它在枫树上所处的是怎么一个环境。

以下便要描写"腊叶"的本身了："一片独有一点蛀孔，镶着乌黑的花边，在红黄和绿的斑驳中，明眸似的向人凝视。"

以下则是作者的心情："我自念：这是病叶呵！便将他摘了下来，夹在刚才买到的《雁门集》里。大概是愿使这将坠的被蚀而斑斓的颜色，暂得保存，不即与群叶一同飘散罢。"

以上是第二节的全文。从最后的两句话里，我们看出作者又用了一个"病叶"的新词。题目里的"腊叶"，第一节里的"压干的枫叶"，第二节里的"病叶"，和第三节里的"将坠的病叶"，四个不同名词指的是同一东西。但是到了"病叶"这名词提出的时候，作者的心情，显然已经由鉴赏而至于怜惜，由怜惜而至于自况了。说"自况"还是不够的，这时候的作者，已经与"病叶"合而为一。

作者既与"病叶"合而为一，既已取得"病叶"的地位，那么谁又取得作者的地位呢？取得作者的地位的自然只有"爱我者"。

我们把"病叶"看成作者，把作者的口气转给"爱我者"，这样，好些关节自然解通了。例如第二节中说："大概是愿使这将坠的被蚀而斑斓的颜色，暂得保存，不即与群叶一同飘散罢。"这原是作者自己推测去年怜惜"病叶"的心情，一转过来，却变成作者推测"爱我者"爱护作者的心情了。因为是"对于爱我者的感激",所以有些自谦自抑的语调。又如第三节中说:"假使再过几年,旧时的颜色在我记忆中消去,怕连我也不知道何以夹在书里面的原因了,将坠的病叶的斑斓,似乎也只能在极短时中相对,更何况是葱郁的呢。"这又似从谦抑转入伤感了。

《腊叶》文后写着"一九二五年十二月二十六日",鲁迅先生逝世是在一九三六年十月十九日,我们记住这短短的十年岁月,再回过头来读《腊叶》第三节中的"将坠的病叶的斑斓,似乎也只能在极短时中相对,"在这对"爱我者"深自谦抑与伤感的口吻中,不觉令人大有所悟,仿佛鲁迅先生真是预言家,预言家不但透达人情物理,连他自身的将来也早已看得清清楚楚的了。

# 《杨贵妃》

关于鲁迅先生的未完成的作品，似乎已经有人提到，手边没有书籍，不能确切征引。其中以剧本《杨贵妃》为最令人可惜。

鲁迅先生对于唐代的文化，也和他对于汉魏六朝的文化一样，具有深切的认识与独到的见解。有许多望古遥集的学者或收藏家，不是说三代以下的文章不足观，便是说史汉以下无好文章，他们甚至以为唐碑不算古碑，唐代的遗物不算古物；鲁迅先生是受过近代科学训练的人，对于某一时代的爱憎，丝毫没有这种不合理的偏见。

他觉得唐代的文化观念，很可以做我们现代的参考，那时我们的祖先们，对于自己的文化抱有极坚强的把握，决不轻易动摇他们的自信力；同时对于别系的文化抱有极恢廓的胸襟与极精严的抉择，决不轻易地崇拜或轻易地唾弃。这正是我们目前急切需要的态度。

拿这深切的认识与独到的见解作背景，衬托出一件可歌可泣的故事，以近代恋爱心理学的研究结果作线索：这便是鲁迅先生在民国十年左右计划着的剧本《杨贵妃》。

鲁迅先生的原计划是三幕，每幕都用一个词牌为名，我还记得它的第三幕是"雨霖铃"。而且据作者的解说，长生殿是为救济情爱逐渐稀淡而不得不有的一个场面。除此以外，先生曾和我谈过许多片段计划，但我现在都说不上来了。

所感到缺憾的只是鲁迅先生还须到西安去体味一下实地的风光。计划完成以后，久久没有动笔，原因就在这里。

恰巧西安讲学的机会来了。鲁迅先生那时几已十年没有旅行，又因本有体味一下唐代故都生活的计划，所以即刻答应了西北大学的邀请。

我们以火车为交通工具，起于北平止于陕州，以后便是一天旅行数十里至多一百里的黄河船了。我们在黄河船上望见灵宝城，濯濯的丘陵上现出一丛绿树。我已经受了感动，对鲁迅先生说：

"宜乎美人出生在这里了。"

鲁迅先生静静地望着，没有什么表示。我知道先生的脾气，没有表示或者是大有所感，或者是毫无所感，绝不是有了平平常常的感想。

到了西安以后，我们发现了一种极平凡的植物，为数实在可观，几乎家家园子里都有的，便是白色的木槿花。木槿花本是极平凡的植物，但在别处只看见一株两株，而且是红色的居多，从未有像西安的木槿花那样白色的一片。我也已经受了感动，对鲁迅先生说：

"将来《杨贵妃》的背景中，应该有一片白色木槿花。"

鲁迅先生静静地望着我，没有什么表示。这时候我渐渐有了警觉，担心着《杨贵妃》的计划难免会有根本的变动了。我们看大小雁塔，看曲江，看灞桥，看碑林，看各家古董铺，多少都有一点收获。在我已觉得相当满意，但一叩问鲁迅先生的意见，果然在我意中也出我意外地答复我说：

"我不但什么印象也没有得到，反而把我原有的一点印象也打破了！"[1]

鲁迅先生少与实际社会往还，也少与真正自然接近，许多印象都从白纸黑字得来。在先生给我的几封信中，尝谈到这一点。

从白纸黑字中所得的材料，构成了一个完美的第一印象；如果第二印象的材料也由白纸黑字中得来，这个第二印象一定有加强或修正第一印象的价值；但是如果第二印象的材料来自真正自然或实际社会，那么它的加强或修正第一印象的价值或者要大大的减低，甚至会大大的破坏第一印象的完美也是可能的。

---

[1] 鲁迅于一九三四年一月十一日致日本友人山本初枝女士的信中对此有涉及，见附文二。

对于鲁迅先生的失望，我想第一步或者可以适用这样一个解释。

鲁迅先生怕看《黛玉葬花》这一类戏，他对我说过，就为的不愿破坏他那从白纸黑字得来的完美的第一印象。那么真实的灵宝城等等，怎么会不破坏他那想象中的"杨贵妃"的完美呢？

其次，那时的西安也的确残破得可以。残破还不要紧，其间因为人事有所未尽而呈现着复杂、颓唐、零乱等等征象，耳目所接触的几无一不是这些，又怎么会不破坏他那想象中的"杨贵妃"的完美呢？

在我们的归途中，鲁迅先生几乎完全决定无意再写《杨贵妃》了。所以严格地说：《杨贵妃》并不是未完稿，实在只是一个腹稿。这个腹稿如果作者仍有动笔的意思，或者可以说，因到西安而被破坏的印象仍有复归完美的事实，那么《杨贵妃》在作者逝世前共十二三年的长时间内，不是没有写作的机会。可见那一次完美印象的破坏一定是相当厉害的了。

鲁迅先生在西安，没有得到什么新的刺激。我们都想找一点新花样来提起大家的兴趣。那时西安的鸦片不但没有禁绝，而且还相当的通行。鲁迅先生忽然愿意尝一尝异味。原来前辈的诗人如波特来尔，并世的文人如柯克多，都曾用麻醉剂来获得灵感，因此灵感而写出好的诗文。鲁迅先生对于医药有研究，常说鸦片原是极有价值的药品，不济的人却拿来当饭吃，自然只有死路一条。他为获得灵感，也为尝尝异味，于是决定访求。

同学张辛南兄在省署任秘书，西安方言读秘书曰"密夫"，他的交游是四通八达的，有的军官家里据说常常有三四套烟具，我于是托"张密夫"设法。鲁迅先生说他幼时曾在尊长的烟具旁盘桓过，但始终没有尝过烟味，我自己也是一样，所以我们都抱有好奇的心理。

那一天我是完全失败了，我觉得烟嘴太大，与纸烟雪茄过分悬殊，吸着极不方便，浅尝以后便放下了。鲁迅先生吸得还算顺利，吸完以后静静地等候灵感的来临，不料竟像扶乩一样，那一天灵感没有降坛。我问先生结果怎样，先生却失望地答复我说：

"有些苦味！"

我知道鲁迅先生也失败了。

万一那一天我们居然成功，那么《杨贵妃》也许早就问世了。[1]

---

[1] 关于鲁迅在西安抽过一回鸦片的事，他本人于一九二七年十月二十五日在上海劳动大学讲《关于知识阶级》中有解释，见附文三。

# 惜　别

　　读了许景宋先生在第六卷四期《抗战文艺》上《民元前的鲁迅先生》[1] 以后，我很觉得感奋，鲁迅先生和我们永别已四年了，第一念好似已经有了四十年；但是无怪的，我们在这四年里面，做了多少照耀史册的人事，不但抵得了平时的四十年，也许抵得了迂回曲折踟蹰不前的四百年。但是第二念，好似只隔了四日，因为鲁迅先生的音容笑貌都在眼前，他的遗训像耳提面命一般的促醒我们努力，说四日已经太多了，鲁迅先生实在并没有离开我们。

　　这篇的题目我写上了"惜别"两字，主要的意思是在提到藤野先生的"惜别"一节，其次才是我们和鲁迅先生一别四年的"惜别"。

　　藤野先生给鲁迅先生印象之深，似乎连藤野先生自己也

────────────

[1] 参见附文四。

不大了然。记得我们的报纸上曾经译过东京记者访问藤野先生的一篇记事，叙述藤野先生不但几乎忘记了三十年前曾有这样一位中国学生，连他赠给鲁迅先生一张相片的事也忘记了，以为也许是他那去世已久的太太经手代赠的。这可不然，我在鲁迅先生的书斋中，清清楚楚地看见在这张相片的背面，有藤野先生亲笔的"惜别"两字。藤野先生的清癯谨厚的面容，戴着近视眼镜，留着短短的头发，都还在我的记忆之中。鲁迅先生去世以后，我去拜望周老太太，并去瞻仰鲁迅先生所谓"老虎尾巴"式的书斋，还看见这张藤野先生的相片。

辛亥革命时代绍兴的都督名"王金发"，同时还有两个要人名"黄介卿"和"黄竞白"。绍兴方言"王"和"黄"二字一样读作"王"，所以当时有"反对三王"的口号。关于"反对三王"，一则由于革命者的幼稚，再则由于封建势力的反动，鲁迅先生似乎曾在文字中解释过。

鲁迅先生任师范学校校长，诚如许景宋先生文中所说："是当局对前任校长不满意，要他来继任之后，可以从办交代中，找出前校长的错处，做一个堂堂的处理的。"这位前任校长，是杜海生先生，民国十五年左右曾任开明书店的经理，开明出版的书籍中还有"发行人杜海生"等等字样。所谓"当局对前任校长不满意"的原因，是一般青年革命者认为杜先生在秋先烈瑾殉难的时候，站在可以援救的地位而不援救。但在鲁迅先生的看法，杜先生未必有援救的力量，援

鲁迅在日本曾就读的仙台医学专门学校 |

救了也未必有效，不援救也决不应该在交代的时候借故报复，所以鲁迅先生没有遵照当局的意旨，在交代中任意挑剔。

许景宋先生说："在绍兴尚未光复之前，人心浮动，先生曾经召集了全校学生们，整队出发，在市面上游行了一通来镇静人心，结果大家当作革命军已经来了，成为唾手而得的绍兴光复。"我回忆了许久，要想找寻这批"整队出发"的全校学生们当时所用的名义，最后才记出是一个颇为特别的"武装演说队"。武装演说队将要出发的时候，鲁迅先生曾有一段简单的训话，当时同学中有一位当队长的请问先生："万一有人拦阻便怎样？"鲁迅先生正颜厉色的答复他说："你手上的指挥刀做什么用的？"那时学校用的指挥刀都没有"出口"，用处虽不在杀人，但当作鞭子用来打人也就够厉害的，结果游行一趟直到回校没有遇着抵抗。这就是通衢张贴"溥仪逃，奕劻被逮！"的大新闻，绍兴成立军政府那一天；都督王金发到绍兴还在这以后约五天。

关于秋先烈，许景宋先生文中说："假使赶快款待餐饭，也会风平浪静地化险为夷。"鲁迅先生常说，秋先烈加入吃饭，如果只添一客饭菜，一定是吃不够的。这事一方面表示日本人的食量小和寒酸，一方面表示秋先烈的健康。秋先烈就义时代的一般空气，鲁迅先生在小说《药》中表现出来。《药》的主人翁名"夏瑜"，就是隐射"秋瑾"二字。《药》的篇末，烈士墓上发现花圈，这在当时也是事实。浙江一带学校的学生，争向秋女侠墓前瞻礼。花圈在当时是极时髦的礼物。一般人决不了解的，在累累荒冢之中，竟有一处着了花圈，不但一般人不解，即先烈的母亲也以为这是先烈显圣。

鲁迅先生对太炎先生的敬礼始终不衰，有如许先生文中所述。也曾常常讲到太炎先生的性情行事。例如大扫除，警察总要把地板和天花板都起下来，弄得满屋凌乱。太炎先生气愤之余，就说这是日本人反对他著作，或则说日本人受了清室的委托，有意使他生活不安，不能作革命的事业。鲁迅先生那时是青年，态度比较客观，知道大扫除是挨户进行的事，绝不是有意使章太炎先生受窘，心中是明白的，但也不与太炎先生抗争。太炎先生讲《说文解字》，往往四五小时连着讲。夏天大赤膊，但不喝茶水，只是不断地抽烟。对面房间里住着刘申叔先生夫妇，为了辩论，太炎先生常常不穿衣服，闯进刘申叔先生房中去。

太炎先生最后一次到北平去，门徒们公宴席上，问起鲁迅先生，说"豫才现在如何？"答说现在上海，颇被一般人疑为左倾分子。太炎先生点头说："他一向研究俄国文学，这误会一定从俄国文学而起。"我曾在鲁迅先生书斋中看见一张太炎先生所书大条幅，上款只写"书赠豫才"四字，下题"章炳麟"。

因许文而引起的回忆止此，将来有机会再写。

# 往　事

鲁迅先生常说：许多往事，知道的人渐渐少了，要是不赶紧写，实在是可惜的。但是他的生活，永远在思想的斗争中，似乎无暇记述这些往事，他的愿望并没有充分地达到。现在却轮到我们来记述鲁迅先生的往事了。

鲁迅先生常常谈到几位同乡的先烈在火车中让座的故事：那时国内还没有火车，而国人的礼貌却极周到；几位同乡的革命者，内有陈伯平先生，刚从中国东渡日本，鲁迅先生从东京到海口去接他们；上岸以后，换乘火车，同赴东京；诸先烈第一次与火车接触，以为火车内的规矩一定和房屋内一样，座位有尊卑大小之别，必须互相逊让；但是到底哪些座位是尊是大，哪些又是卑是小呢，还得从详研究；鲁迅先生已经提供了火车内不必让座的意见，但是先烈们哪里肯依，仍然继续的研究和逊让；鲁迅先生正在心中忧虑着从事革命工作的人，连这一点社会的旧习惯都革不掉，将来如何担当国家大事；说时迟，那时快，火车一开，先烈们好几位都绊倒了。

　　这种故事，减少先烈们的神性，却增加他们的人性，同时也承认了不可磨灭的客观的历史性和时代性。我们现在对于鲁迅先生，记述他的生活，也该用这样的态度。

　　鲁迅先生的复仇观念最强烈，在日本时每于课余习些武艺，目的就在复仇。幼年被人蔑视与欺压，精神上铭刻着伤痕，发展而为复仇的观念。后来鲁迅先生回国，见仇人正患不名誉的重病，且已到了弥留；街谈巷议并传此人患病的部分已经脱落，有人在茅厕中发现。鲁迅先生只好苦笑，从此收拾起他那一把匕首。鲁迅先生常常从书架上拿下那把匕首来当裁纸刀用，刀壳是褐色木质的，壳外横封两道白色皮纸，像指环一般。据鲁迅先生解说，刀壳原为两片木头，只靠这两道皮纸的力量，才封成整个的刀壳。至于为什么不用整片的木头，或用金属的钉子或圈子，使刀壳更为坚固呢？鲁迅先生说，因为希望它不坚固，所以只用两道皮纸；有时仇人相见，不及拔刀，只要带了刀壳刺去，刀壳自然分为两半飞开，任务就达成了。

　　鲁迅先生复仇的任务，虽只剩了一声苦笑，但关于匕首的解说，往往使他引动少年豪气，兴趣极为浓厚，如在微醺以后，更觉有声有色。我自己已经听过这故事的了，一天到先生书斋中去，看见桌上又放着匕首，许景宋先生等七八位青年在座。鲁迅先生说：这故事你是听过了的，我又在这儿对着青年自称英雄了。

民元以前鲁迅先生在绍兴中学校任学监。绍兴中学校那时还是"绍兴府学堂"。绍兴府共辖八县，各县籍的学生都有，各县籍的教职员也都有。绍兴的首县是山阴会稽。鲁迅先生是会稽人。因为同属首县，山阴会稽不分什么畛域，两首县籍的人统称山会人。例如两县旅北平的会馆合在一处，曰山会邑馆，现称绍兴县馆。废府以后，山会两县合为绍兴县。但是两县和其他六县却常有畛域，在府学堂里，各县籍的教职员与各县籍的学生关系往往比较密切，鲁迅先生当初并不了然。他任学监，有奖惩学生之权。他的奖惩自然一凭客观的标准，但是他渐渐地发觉，凡开除某县学生的时候，必有某县教职员挤满了他的屋子；替被开除的学生向他求情。从此山会籍的学生犯了校规，他也要考虑一番，不但决不矫枉过直，偏偏严惩他们，而且鉴于各县教职员对于同乡学生的回护，他自己是山会籍人，山会籍的教职员又特别少，所以凡能从宽发落的他就尽量从宽发落，鲁迅先生待人处世，第一步总是厚重宽大，万一因为厚重宽大而上了当，别人对他太不厚重宽大时，他的还击的力量往往是很可观的。

上当以后的一个对策是还击，又一个对策是退却。绍兴府学堂的教职员们常常发起，星期日乘画舫到禹庙兰亭去游玩。鲁迅先生也就随喜他们。画舫的规模很宏大，有三舱、四舱、五舱的分别：每舱有明瓦，上有名人书画的遮阳。舱内有桌椅、有茶烟，也有厨房，鱼虾菜蔬沿途可以买到。人在画舫之内，宛如置身教室，如有不同，只是窗外的景物时时变换而已。在这种逸豫优渥的环境中，人们最易联想到的是不正当的娱乐。画舫里面本备有各种博具，只要乘客一开口，就可以拿出来玩耍。这群教职员当中，只有鲁迅先生没有辫子。消息传到城里，说画舫中还有一个和尚，社会间即刻想到府学堂的教职员们借游山水为名而在画舫中赌博。鲁迅先生上当之余，只有退却。从此他不再随喜他们乘画舫游山水了。

所谓"和尚"者，那时的装束与真正的"和尚"也不完全相似。许多留日回国的学生，为适应国内的环境，每每套上一支假辫子，那些没出息的，觉得这样还不够，必须隔两三天到理发馆为假辫子理头发，擦油，使人骤然看不出辫子的真假。鲁迅先生是一个革命者，当然决不肯套假辫子，头发也不常理，平时总是比现在一般所谓平头的更长约五分的乱簇簇的一团。胡子是已经留了的，身上有时穿西服，有时穿长袍。所谓长袍者，大抵是灰布的：冬天是灰布棉袍，春秋是灰布夹袍，初夏是灰布大褂，夏天是白色竹布或洋布大褂。裤子大抵是西服式的，皮鞋是东方式的，像现在军服中的皮鞋，黑色而无带，便于穿脱。此外，鲁迅先生常常拿一根手杖，就是《阿Q正传》中所谓哭丧棒。下雨天，仿照西人的方式用布伞，不用那时一般社会通用的油纸伞。皮鞋原可两用，雨天不再用那时一般社会通用的钉靴或钉鞋，也还没有现在一般社会通用的套鞋橡皮。"和尚"的装束大致如此。

我认识鲁迅先生已历三十年，总觉得三十年来，鲁迅先生的性情乃至相貌，都没有多少变更，面色也许略现苍白，那是因为少见日光，或多抽了烟卷，绝不是因为年老。这个看法也和鲁迅先生及他的家人提过，他们都相当同意。有一天鲁迅先生出示当时的相片，到底相差二三十年，我才不敢绝对坚持我自己的看法。

# 鲁迅先生的少年时代

——在先生逝世五周年纪念会讲

纪念鲁迅先生，我想，最好用学术演讲。今天有曹靖华先生讲《鲁迅与翻译》，郭沫若先生讲《鲁迅与王国维》，都是极有价值的演讲。中间夹着一节由我报告《鲁迅先生的少年时代》，我希望时间越短越好，将来鲁迅先生的传记材料日渐完备，传记作品日渐增加，在纪念会上我们可以不需要这一项节目了。

《鲁迅先生的少年时代》，筹备会交给我这个题目的时候，觉得自己也不大清楚；即有些须，也未经组织，所以报告时只能选择几件小事情谈一谈。

鲁迅先生幼年时的家景很清寒，这是在他的作品中有好几处提到的。至于所以清寒的原因，鲁迅先生自己和其他学人似乎尚少讲到。我从绍兴的老辈口述中，知道一些含混的材料；在鲁迅先生生前，因为他不大愿谈家事，我不好详细问他；而其他文字的记载，至今还没有见过。

鲁迅先生的祖父周福清先生，是当时的名进士，为翰林院编修，李莼客先生的《越缦堂日记》中常提到他。因为当时的苏州，有他许多文化界的朋友，他常常寓居苏州。据说某年的江苏（应为浙江）乡试，主考官是周福清先生的同年。苏州的绅士某君，有一子一侄，都要在这一年赴考。他请托周福清先生向主考官关说，周老先生似乎答应了，据说有他的一封亲笔信件，落在当时苏州府知府王可庄先生（仁堪）的手中。以后他老先生便遭受了一大连串的不幸：在苏州被捕，解送杭州，长期监禁，险遭杀戮，直至清室的慈禧太后七十"万寿"才被大赦，已经是他的暮年了。

周老先生在杭州受苦难的时候，他的绍兴家庭中所被波及的，就是出卖田产和房屋。杭州消息到：今年秋审，老太爷恐遭不测了，如能速汇银两，尚可在上下各处打点。于是绍兴家庭中的田产和房屋赶紧出卖一部分，赶紧往杭州汇款。这种事情大概每年必有一次。主持其事的是当时一位周府的少奶奶，绍兴东乡安桥头鲁府的小姐，也就是年享上寿至今还留在北平的周老太太，鲁迅先生的母亲。

鲁迅先生的父亲向未出仕，少年时就在家中卧病。鲁迅先生作品中谈到医药的问题很多，对于庸医也最痛恨，因为家庭正遭大不幸，同时还要受庸医的欺骗和剥削，"成对的蟋蟀""经霜的芦笋"，这类怪药名不知拨弄了鲁迅先生多少次，从典质所得的少许金钱，千方百计地去求得这种决不能治病的怪药，换得的仍是鲁迅先生的父亲终于不救。鲁迅先生决定学医，与这个家庭情境亦有关系。

自然事情不是那么简单，只说鲁迅先生学医的原因，我们现在至少已有三说：由于父病是一说；由于寻求放足方法是又一说（见许寿裳先生所编先生年谱），据我所知道还有一说是由于牙痛。鲁迅先生十四五岁时患牙痛。告于家中长者，得到的答复是："不害羞，还亏你自己说得出来！"从此他便忍痛不说，默默地自己研究，这是一件什么秘密。等到略见梗概，方知旧社会传统的"无知识"的可怕，而新医学之值得研究。这一说，鲁迅先生生前曾和我谈过。[1]

自绍兴到南京求学，在作品中曾提到只带八元钱，及在南京入陆师学堂等。至于何以选择南京的地点，据我所知，是因为在南京很有几位周氏的前辈，周椒生先生那时任南洋水师学堂提调就是一例。尝听鲁迅先生谈及南洋水师学堂提调还自己担任经学教授，督责学生背诵《左传》。记得鲁迅先生有一位族叔，至今还任海军官长，便是那时水师学堂的学生。

在日本求学时代，我只提三位鲁迅先生当年的同学，和一些极不重要的小事情。

一位是蒋观云先生（智由）。他的年辈比鲁迅先生略长，过从颇多，常到鲁迅先生宿舍中发种种议论。一天观云先

---

[1] 鲁迅本人的回忆在《从胡须说到牙齿》一文中，见附文五。

生说：人类可分长头种和圆头种两种，最近买到一顶西式帽子，戴着总不合适，觉得他们长头种的帽子，我们圆头种戴着是不会合适的。这一通议论发完以后，少年们非常着急，相与担忧，说："观云也许要回国做官去了，红缨帽是圆头种的帽子，戴着不是一定合适吗？"这可以见到当时少年革命队伍中防范的严密，一言一动都极留意。不过观云先生后来一直没有做官，他的议论扩而大之，至多也不过像今日所谓"中国本位文化"。民国以后，观云先生的哲嗣百器先生（尊簠）做了浙江的督军，观云先生年事渐高，更没有出任公务的意思，遂以诗酒终其身。

　　一位是许季茀先生（寿裳）。许先生的年辈与鲁迅先生相等，所学既相近，性情也相投，住处也在一起。《域外小说集》印成的时候，许先生帮忙最多。向章太炎先生学说文，聘俄国虚无党人习俄文，聘印度人学梵文，许先生似乎都在一起。许先生并代鲁迅先生将《域外小说集》运回上海，托某绸缎铺寄售，不幸某绸缎铺遭了火灾，多余的《域外小说集》都损失了。许先生的家况较好，鲁迅先生常说，许先生在求学时代，已经穿鼻烟色呢制成的西服了。鲁迅先生直到晚年，少年时代的同学还时时见面，情谊之厚不减当年，思想行动与少年时代无多出入的，恐怕只有许季茀先生一人。

　　还有一位是陈公侠先生（仪）。陈先生与鲁迅先生情谊之厚，几与许先生不相上下。不过陈先生学军事，回国以后

鲁迅在南京就读的矿物铁路学堂 |

又带兵，又主持中央军政，地方行政，工作的性质相差太远，过从便没有许先生那么多了。鲁迅先生度着战斗的生活，处处受绅士们的压迫，大学教授中绅士居多，使他不能好好地教书，批评家中绅士也多，使他不能好好地创作。被绅士们包围得水泄不通的时候，好像我们在敌机临空时想念防空洞一样，他常常会想念他的幼年同学时的好朋友，说："不教书了，也不写文章了，到公侠那儿做'营混子'去了！"我从前没有听见过"营混子"的名称，鲁迅先生给我解释，我想这也无非为要达到敢说敢笑敢爱敢恨的无可奈何时的一个理想的无职业的职业而已。

今天暂时讲到这里为止，诸位，再见。

# 鲁迅先生逝世五周年杂感二则

## "托尼学说魏晋文章"

从前刘半农先生赠给鲁迅先生一副联语，是"托尼学说，魏晋文章"。当时的朋友都认为这副联语很恰当，鲁迅先生自己也不加反对。

所谓"托尼学说"，"托"是指托尔斯泰，"尼"是指尼采。这两个人都是十九世纪思想界的巨星，著作都极宏富，对于社会的影响都深而且大。鲁迅先生的思想之博大精微，自然与他们相比也很恰当。而鲁迅先生在学生时代，很受托尼二家学说的影响。

鲁迅先生研究汉魏六朝思想文艺最有心得，而且他所凭借的材料都是以前一般学人不甚注意的，例如小说、碑文、器铭等等。尤其对于碑文，他所手钞的可以说是南北朝现存碑文的全部，比任何一家搜集的都丰富。而且工作态度最为精审,《寰宇访碑录》和《续录》所收的他都用原拓本一一校勘过,改正许多差讹以外,还增出不少的材料。因此在他的写作上,特别受有魏晋文章的影响。

托尼二家的学说,一般的说法,是正相反对的。尼采的超人论,推到极端,再加以有意无意的误解,在德国,便成了上次大战前的裴伦哈特的好战论,和这次纳粹主义的侵略论。鲁迅先生却特别欢喜他的文章,例如萨拉图斯脱拉语录,说是文字的刚劲,读起来有金石声,而他的学说的精髓,则在鼓励人类的生活,思想,文化,日渐向上,不长久停顿在琐屑的,卑鄙的,只注意于物质的生活之中。

至于托尔斯泰的大爱主义,那是导源于基督教的精神,与后来思想上的平民主义,民族自决主义,国际平等主义,都有精神上的联系。直到现在二次大战时的反侵略阵线,例如对于欧洲被侵略的各小国,虽然它们的军事势力已在国内早被侵略国家所摧毁,还尽量地设法支持它们反侵略的微薄势力,以期共同消灭侵略国家的暴力与野心,这还可以说与托尔斯泰的大爱主义有密切的关系。

托尼学说的内容既有很大的不同,而鲁迅先生却同受他们的影响,这在现在看来,鲁迅先生确不像一个哲学家那样,也不像一个领导者那样,为别人了解与服从起见,一定要将学说组成一个系统,有意地避免种种的矛盾,不使有一点罅隙;所以他只是一个作家,学者,乃至思想家或批评家。

## 鲁迅和我们

鲁迅先生始终是一个作家，学者，乃至是一个思想家或批评家。他对于国家民族，对于社会，对于人类，都有热烈真诚的爱。而对方所以答复他的，却只是冷淡。这也很平常，个人爱国家民族，爱社会，爱人类，原不一定希望对方有冷淡以外的其他答复。鲁迅先生尝说，他只会"呐喊"，意思是说，他决不揭橥一个什么，大声疾呼曰：道在是矣，大家都随着我来。那是英雄，那是权威，那是领导者。他们所要求于对方的是信仰，是服从，是崇拜。他们对于国家民族，对于社会，对于人类，除了"爱"以外，还该加上一些别的东西。鲁迅先生自己知道不是他们，所以对于这些别的东西，据我的看法，他并不曾努力加以培养，寻求或获得。对方答复他的冷淡，他也并不介怀。

因为鲁迅先生是作家、学者，乃至思想家、批评家；他遗留给后人的是许多作品，他的全集早经出版；后人如将对他发生关系，最适当的凭借便是他的全集。

如果也和鲁迅先生生前一样，对方凭借了他的作品而答复他的只是冷淡，那在鲁迅先生也不是意外；除了冷淡，还有赞成与反对；或反对多于赞成，或赞成多于反对，或先反对而后赞成，或先赞成而后反对，那在鲁迅先生也都不是意外。这都是可能的，也都是合理的。

| 一九三〇年的鲁迅

　　反对之不足，而至于攻击，赞成之不足，而至于崇拜，这些在鲁迅先生生前也都有过，以文字问世的人对于这些答复自是早在意中的。但或有未见作品而即加以攻击的，亦有未见作品而即加以崇拜的，鲁迅先生是最觉着怅惘而不知所可的了。

# 鲁迅先生的几封信

　　鲁迅先生给我的信，如果都能保存起来，我想可以有一百来封。可惜民国十五年的京报事变，二十一年的上海战争，我都损失了不少书物。那些书物里面准有几十封鲁迅先生的信；加以平时不小心，居住无定处，因而散失的大概也不少。鲁迅先生去世以后，我粗疏的翻检了一下，只得到三封，大抵是早年的，现在重读一下，很引起些回忆。信上所标日期，一封是一月十一日，一封是六月十二日，一封是十月二十四日。这些日期，未必在同一年份，但照信中所述各事推断，总不出民国十一年或十二年。至于这三封信的先后，现在却没有法子确定了；我们姑且把它们算作同一年份的，然后照着月日的先后排下去罢。

　　一月十一日的一封是这样——

　　伏园兄：

　　　　惠书已到，附上答王君笺，乞转寄，以了此一件事。

钦文兄小说已看过两遍，以写学生社会者为最好，乡村生活者次之；写工人之两篇，则近于失败。如加淘汰，可存二十六七篇，更严则可存二十三四篇。现在先存二十七篇，兄可先以交起孟，问其可收入文艺丛书否？而于阴历年底取回交我，我可于是后再加订正之。

总之此集决可出版，无论收入与否。但须小加整理而已。

《小白兔》一篇尚好，但所记状态及言论，过于了然（此等议论，我亦听到过），成集时易被注意，似须改得稍晦才是。又《传染病》一篇中记打针（注射）乃在屁股上，据我所知，当在大腿上，地位太有参差，岂现在针法已有改变乎？便中望一询为荷。

一月十一日夜，迅上。

信内所说"王君"不知是谁，所谓"了此一事"也不知是何事，现在完全记不得了。鲁迅先生对于一个少年作家态度的诚恳，和对于他的作品指导的精微周至，这封信真是一个极好的例。现在钦文先生著作等身了，鲁迅先生对他第一本集子的批评，无论在钦文先生或在我们一般人，实在是一件极可宝贵的材料。

六月十二日的一封是这样——

伏园兄：

今天《副镌》上关于爱情定则的讨论只有不相干的两封信，莫非竟要依了钟孟公先生的"忠告"，逐渐停止了么？

我以为那封信虽然也不失为言之成理的提议，但在变态的中国，很可以不依，可以变态的办理的。

先前登过的二十来篇文章，诚然是古怪的居多，和爱情定则的讨论无甚关系，但在别一方面，却可作参考，也有意外的价值。这不但可以给改革家看看，略为惊醒他们黄金色的好梦。而"足为中国人没有讨论的资格的左证"，也就是这些文章的价值之所在了。

我交际太少，能够使我和社会相通的，多靠着这类白纸上的黑字，所以于我实在是不为无益的东西。例如"教员就应该格外严办""主张爱情可以变迁，要小心你的老婆也会变心不爱你"，之类，着想都非常有趣，令人看之茫茫然惘惘然；倘无报章讨论，是一时不容易听到，不容易想到的，如果"至期截止"，杜塞了这些名言的发展地，岂不可惜？

钟先生也还是脱不了旧思想，他以为丑，他就想遮盖住，殊不知外面遮上了，里面依然还在腐烂，倒不如不论好歹，一齐揭开来，大家看看好。往时布袋和尚带着一个大口袋，装些零碎东西，一遇见人，便都倒在地上道："看看，看看。"这举动虽然难免有些发疯的嫌疑，然而在现在却是大可师法的办法。

至于信中所谓揭出怪论来便使"青年出丑"，也不过是多虑，照目下的情形看，甲们以为可丑者，在乙们也许以为可宝，全不一定，正无须乎替别人如此操心，况且就在上面的一封信里，也已经有了反证了。

以上是我的意见：就是希望不截止，若夫究竟如何，那自然是由你自定，我这些话，单是愿意作为一点参考罢了。

六月十二日，迅。


信中有几句引用的话，大抵是钟孟公先生来信的原文。钟孟公先生是谁，现在完全不记得了，或者当时也并不认识。"爱情定则的讨论"，在《晨报副刊》上连登了一两个月。当时我想试用现在的大众论坛一类方式，把这一个问题完全公开，文责由作者自负，让大家讨论个畅快。不料招来了许多责难：有的用买卖的立场，意谓"我们出钱买报，不愿意买这些谬论来看"；有的用道德的立场，意谓"这种谬论绝对不应享有公开发表的权利"；钟孟公先生的"忠告"大抵以不宜使"青年出丑"为词。鲁迅先生则是主张继续讨论的。鲁迅先生并不一定要替那些谬人争言论自由，只是觉得这些谬论"可作参考，也有意外的价值"。鲁迅先生不大愿意和实际社会相接触，下一封信里还有更详细的解释；他在这封信里，只说"我交际太少，能够使我和社会相通的，多靠着这类白纸上的黑字，所以于我实在是不为无益的东西"。一方面他不主张遮盖丑恶，以为"外面遮上了，里面依然还在腐烂，倒不如不论好歹，一齐揭开来，大家看看好"。这实在也是思想言论自由的精义。我现在看起来，觉得鲁迅先生这一封信，似乎原是打算让我发表的，所以即使仍用信笺，文字却比平常通信丰腴些。不知怎样我当初没有想到，一压竟压了十五年，直到今日才公开出来。

十月二十四日的一封是这样——

伏园兄：

昨天接两信，前后相差不过四点钟，而后信称前信曰"昨函"，然则前寄之一函，已为送之者压下一日矣，但好在并无关系，不过说说而已。

昨下午令部中信差将《小说史》上卷末尾送上，想已到。现续做之文，大有越做越长之势，上卷恐须再加入一篇，其原稿为八十六七叶，始可与下卷平均，现拟加之篇姑且不送上，略看排好后之情形再定耳。

昨函谓一撮毛君（指章廷谦）及其夫人拟见访，甚感甚感。但记得我已曾将定例声明，即一者不再与新认识的人往还，二者不再与陌生人认识。我与一撮毛君认识大约已在四五年前，其时还在真正"章小人（nin）"时代，当然不能算新，则倘蒙枉顾，自然决不能稍说魇话。然于其夫人则确系陌生，见之即与定例第二项违反，所以深望代为辞谢，至托至托。此事并无他种坏主意，无非熟人一多，世务亦随之而加，于其在病院也有关心之义务，而偶或相遇也又必当有恭敬鞠躬之行为，此种虽系小事，但亦为"天下从此多事"之一分子，故不如销声匿迹之为愈耳。

树人上　十月二十四日

再者，二十三函并书皮标本顷亦已到。我想不必客气，即用皇帝所用之黄色可也，今附上，余者暂存，俟面缴。

面上印字之样子，拟亦自定一款式，容迟日奉上，意者尚不急急也。

树又上。二十三〔四〕

第二信中，鲁迅先生已自谓"交际太少"；第三信中，乃把不愿交际的原因详细解释。"定例"两条，"世务亦随之而加"的例证两事，都是极新颖又极深刻的。鲁迅先生不骛虚名，也不愿有虚应酬；有时别人以为还在虚应酬的阶段，他却早把别人当成真朋友了，于是乎有苦痛，于是乎有愤怒。鲁迅先生把这些不必消耗的时间和精神节省下来，专注意民族国家的根本问题，不是研究，便是创作，几乎可以说他是没有私生活的。

我希望此后还能找出几封来，送请许广平先生拍照，因为许广平先生最近征集鲁迅先生书信，以备将来"整理成册，公于大众"。我也觉得这是一件重要的事。许先生在启事上说："现已开始负责收集，凡藏有先生亲笔书信者，望挂号寄下，由广平依原信拍照后，负责寄还。如肯把原信和先生的遗稿遗物永存纪念，愿不收回，当更为感谢。此为完成先生的文学遗产的工作之一，受惠者不特一人，想定为诸位所热心赞助。寄件祈交上海商务印书馆编译所周建人转交为祷。"我特把这一节文字转抄在这里，希望这件事业及早完成，得见鲁迅先生书信的全部。

# 追念鲁迅师

　　我最初认识鲁迅先生是在一九一一年。那年，清王朝被推翻了，鲁迅先生被派到他的家乡绍兴初级师范学堂任堂长，而我正在这学堂上学。记得鲁迅先生到校和全校学生见面的那一天，穿一件灰色棉袍，西式长裤，东方式的皮鞋。那天先生的谈话简明有力，同学们欢迎新堂长的热烈情绪至今还似历历在目。

　　从此，我和其他同学一样受到先生许多的启示和教诲，由于当时我还担任级长，所以和先生接触尤多。不久，鲁迅先生就辞去了堂长的职务。后来才知道先生办交代的时候，学堂里只剩了一毛多钱；政府欠付学款，全靠先生的辛苦撑持，学校才维持下来。那时的社会，一切都很混乱，旧势力又在趁机抬头，青年们一般都陷在苦闷之中。

　　一九一二年，先生受聘到教育部工作，后来还兼北京大学等校的讲师。过了几年，我也到北京大学上学，这样就又继续得到聆听先生教导的机会。即使我后来到社会上做事，也仍然常到先生家里走动问候，有时就在先生处吃饭谈天。先生对于我们丝毫没有架子，在亲切中又使人感到严肃，所以，我们总是把他看作自己的长辈。每逢这种闲谈的时候，他就纵情畅谈，上下古今，无所不涉。就在这些随意的谈话中，使我得到了许多知识，并从对那些日常具体事情的议论中领悟出许多做人的道理。他那略现苍白然而开朗的脸色，和他那包含着极为深邃的真谛的谈话，一起深深地铭刻在我的脑中。

资产阶级领导的一九一一年的革命推翻了清王朝，表面上似乎胜利了，但是时间愈久，这个革命的后果也愈发清楚了。它所建立起来的共和国不过是一块空招牌，封建的统治机器基本上都保存了下来；而军阀的杀戮攻伐也越来越频繁。先生对此感到极为苦痛沉闷，他到北京的头几年，就住在绍兴会馆过着抄古碑的生活，但是对于国家、民族的命运仍是无限关注的；先生表面上仿佛异常孤冷，实际上内心生活却是始终热烈的，仿佛地球一般，外面是地壳，里面是熔岩。这熔岩是创造的源泉，有内在的力，有内在的光，有内在的热，一旦燃起将是无穷而炙烫的。

在这种情况下，他曾不止一次和我谈起对革命的看法。他深深感到一九一一年辛亥革命的结果所以如此之坏，是因为革命者没有联系群众，没有到群众中去做宣传鼓动工作。革命者为群众奋斗而牺牲了，但尚未觉悟的群众却不知道这牺牲为的是谁。尽管群众在反动统治的桎梏下已经有了强烈的不满和反抗的要求，但却没有机会得到表现。结果革命成为有名无实的东西。这也是革命者的悲哀。说到这些，先生总是深为叹息，并陷在沉思之中。

后来，我才知道先生这时就已在酝酿一种思想：他在深深刻地观察分析中国当时的社会和人生，他在竭力探索人们的灵魂。他感到中国人民默默地生长、萎黄、枯死，就像压在大石底下的草一样，已经有四千年了。他为之悲愤忧痛，于是他想刻画出这样沉默的人们的灵魂来。于是他就以这个病态社会中不幸的人们为题材，描写他们的善良性格和悲惨遭遇，描写他们的弱点和坏习性，目的是为了揭出病苦，引起疗救的注意。他期待并且激励群众的觉悟。这样的思想，后来就渗透在他的许多小说创作和杂文评论中。

一九二〇年以后，我在北京主编《晨报》副刊。鲁迅先生是这个副刊的重要的、经常的撰稿人，他撰写文章是为了提倡学术空气，来推进当时的思想革命运动和文化革命运动，在这里决不含丝毫名利观念，也不计较任何毁誉。这也是他对待一切事业的一贯态度，这是在他的一生中到处可以看得出来的。

这时，他写的稿，除了登在《新青年》上的以外，大都寄给《晨报》副刊了。有杂感、小说，也有译文。杂文集《热风》中的大半文章以及像卓越的世界名著、曾经轰动整个知识界的《阿Q正传》都是最早发表在《晨报》副刊上的。《阿Q正传》是用巴人的笔名发表的，从一九二一年十二月四日起到一九二二年二月十二日每星期或每两星期刊登一次，连续载完的。这是我做编辑工作中最难以忘怀的一件事情。

鲁迅先生在《阿Q正传的成因》中曾说到我每周要去催稿，其实也不尽然。先生写作从来都是勤奋认真的，白天办公、教书、接待朋友来访，晚上写作往往到深夜以至东方发白，方始搁笔休息。所以，他写文章，无须别人催逼，那时，我每周总要去先生处，而去时先生的文章总已写成由我带回，甚至有时就早早寄给了。

当我得到《阿Q正传》的第一章时，像读先生别的杂文一样，可以感到其对许多社会现象的尖锐批判和辛辣嘲弄，但还未感觉到其更深的含义。到了后来，第二章、第三章……陆续写出来了，这时我才逐渐感悟到先生寄寓在这篇小说中的宏大意图和精深思想。阿Q，这个形象就是他这几年来所不断谈起的那种已有反抗要求、但尚未真正认识到正确的革命途径的群众的典型，就是他所深为悲愤的被压迫被侮辱的人民的一种类型；他也深刻地写到了阿Q的弱点和坏脾气；但他对其又是抱着何等殷切的期望，认为中国倘不革命，阿Q便不做革命党，既然革命，就会做的。认为阿Q的命运，也只能如此。在这篇杰作中，先生对祖国、民族、人民的满腔热忱和宽大仁爱的胸怀，真个是完全倾泻了出来。我每次接到先生的续作时，就像捏着一团正在喷射燃烧的岩浆似的，为之感到不安和激动，只有作品付印出来以后，方始安心下来。接着是大量的读者来信和各报刊的评论，大部分是热情的赞叹，也有表示栗栗危惧，以为《阿Q正传》是专门嘲骂他自己，因而探听询问作者是谁，表示抗议。这时，我又感到一种新的激动和快意，我深深意识到先生的作品成功了，正因为他对中国社会的剖露深刻，因此才会引起那么多、那么强烈的反响；我也深深意识到这将是一剂疗救中国社会的良药，它将使人振奋，觉醒。但是这部不朽的杰作所显示出来更深刻更广泛的影响，我还是到后来才渐渐觉察到的。

想到这些，就觉得先生的音容笑貌都在眼前，他的遗训仍似在耳边回响。虽然，先生逝世已有二十五年了，但是，鲁迅先生实在并没有离开我们。

（原载一九六一年九月廿四日《中国青年报》）

# 五四运动中的鲁迅先生

五月四日，我参加天安门大会以后，又参加了示威游行。游行完了，我便到南半截胡同找鲁迅先生去了，我并不知道后面还有"火烧赵家楼"的一幕。晚上回到宿舍，才知道今天这后一幕是轰轰烈烈的，而且有一大批同学被反动军警捕去了，运动这才开始呢。

鲁迅先生详细问我天安门大会场的情形，还详细问我游行时大街上的情形，他对于青年们的一举一动是无时无刻不关怀着的。一九一九年他并没有在大学兼任教课，到他那里走动的青年大抵是他旧日的学生。他并不只是关怀某些个别青年的一举一动，他所无时无刻不关怀着的是全体进步青年，大部分是他所不认识的也是大部分不认识他的那些进步青年的一举一动。他怕青年上当，怕青年吃亏，怕青年不懂得反动势力的狡猾与凶残，因而敌不过反动势力。

鲁迅先生在《新青年》上发表文章，给予青年的印象是十分深刻的。青年们常常互相询问："唐俟到底是谁呢？谁的文章有这样深刻呢？"陈独秀、胡适之写文章，主张用真名字，决不会再用笔名发表文章的。钱玄同、刘半农虽然都爱弄玄虚，但文章的格调都不像。于是在文科教授名单中，从本科找到预科，又在法科和理科的教授名单中去想，都没有一个相像的。有人说这一定是蔡元培的笔名，因为他身居校长地位，不便轻率发表文章，所以只好把真名隐去，但文章的格调也完全不像。

还有一个问题是"唐俟"和"鲁迅"会不会是一个人？唐俟大抵写论文、写新诗、写随感；鲁迅则写小说也写随感，而两个人的用词造句和思想内容又很有相像之处，也许这两个人只是一个人的笔名吧？那么这一个人到底是谁呢？

这种问题在青年们的头脑中转动，足见这一个人的文字已经在青年的心理上起了共鸣，青年们已经接受了他的思想领导。我是早已知道这秘密的了，但我决不随便对人说。那时我是一个头脑简单的毫无革命经验的学生，决不会了解"保密"的意义有何等重大，也决不会了解一个革命的同志在敌人营垒里面工作又有何等重大的意义，只是直觉地知道万一传播开去一定要出岔子，所以最好不说。但我从青年同学的谈论中知道他们对于这位隐名的作家真是五体投地的佩服和信赖了。

在一九一九年五月四日以前，鲁迅先生在《新青年》上发表的文字一共有三十一篇，其中论文一篇、诗六篇、小

｜ 国立北京女子师范大学

说三篇、随感二十一篇。这些文字都是内容十分饱满，文笔十分精练，革命性十分强烈，每一篇都在青年思想上发生影响的。随感二十一篇后来都收到《热风》中，小说三篇（《狂人日记》《孔乙己》《药》）收在《呐喊》中，诗六篇收在《集外集》中，论文一篇（《我之节烈观》）收在《坟》中，这些文字，反映了当时鲁迅先生的坚韧的斗争精神。鲁迅先生在《热风》的"题记"中讲到这几十篇随感时说："我在《新青年》的随感录中做些短评。还在这前一年（指一九一九年五月四日北京学生对于山东问题的示威运动），因为所评论的多是小问题，所以无可道，原因也大都忘却了。但就现在的文字看起来，除几条泛论之外，有的是对于扶乩、静坐、打拳而发的；有的是对于所谓'保存国粹'而发的；有的是对于那时旧官僚的以经验自豪而发的；有的是对于上海《时报》的讽刺画而发的。"

等到后来，"唐俟即鲁迅""鲁迅即周树人"这两个秘密被发现，那时鲁迅先生已没有再行隐蔽的必要，索性从敌人的反动营垒中撤退，到南方做革命工作去了。但在五四运动前后，用唐俟和鲁迅两个笔名所发表的几十篇文字，在青年思想界所起的影响是深远而广大的。

（原载《中国青年》一九五三年第九期）

# 鲁迅和当年北京的几个副刊

《晨报附刊》是一九二一年十月十二日正式出版的，翻开报纸，很多人不免奇怪：为什么报头是《晨报副镌》，报眉又是《晨报附刊》几个字呢？

原来"附刊"这名字是鲁迅先生取的。他认为《晨报》登载学术文艺的第七版，既然独立地另出一页四开小张，随同《晨报》附送，那么就叫"晨报附刊"吧！"附刊"也就是另外一张的意思。《晨报》总编辑蒲伯英的字写得不错，他亲自写了一个汉砖字体的版头，把"附刊"写成了"副镌"。为了尊重鲁迅先生的原意，所以报眉仍用"晨报附刊"几个字。

过去北京《晨报》登载学术文艺的第七版，最初是由李大钊同志主编。他到北大教书，兼做图书馆馆长之后，在一九二〇年就由我主编了。

那时，我们很想从这几方面把附刊的影响扩大到全报：

第一，附刊是白话的；第二，附刊是加标点的；第三，附刊是学术性的但又比较趣味化，因为那时正是五四运动时代，很希望学术性、民主性的气味浓一点。

鲁迅先生对我们年轻人办报的热忱，总是极力帮助和支持。他那时写的稿，除了登在《新青年》上的以外，大都寄给《晨报附刊》了。有杂感、小说，也有翻译。像《阿Q正传》就是用"巴人"这个笔名在《晨报附刊》上连载的。

一九二四年十月，鲁迅先生写了一首诗《我的失恋》，寄给了《晨报附刊》。稿已经发排，在见报的头天晚上，我到报馆看大样时，鲁迅先生的诗被代理总编辑刘勉己抽掉了，抽去这稿，我已经按捺不住火气，再加上刘勉己又跑来说那首诗实在要不得，但吞吞吐吐地又说不出何以"要不得"的理由来，于是我气极了，就顺手打了他一个嘴巴，还追着大骂他一顿。第二天我气忿忿地跑到鲁迅先生的寓所，告诉他"我辞职了"。鲁迅先生认为这事和他有关，心里有些不安，给了我很大的安慰。事情虽是从鲁迅先生的文章开始，但实际上却是民主思想和封建思想的斗争。

《京报》听说我辞去了《晨报附刊》的职务，总编辑邵飘萍就来找我去办《京报副刊》。我觉得《京报》的发行数少（三四千份，《晨报》有将近一万份），社会地位也不如《晨报》，很不想去。但鲁迅先生却竭力主张我去《京报》，他说，一定要出这一口气，非把《京报副刊》办好不可。一九二四年十二月五日，《京报副刊》就出版了。邵飘萍倒很能干，但帮忙的人不多，等于一个人办一个报，也没有什么规章、制度，经济也很困难，有时连稿费都没有。但是鲁迅先生却不在意这一些，还是像支持《晨报附刊》一样地支持《京报副刊》，他发表了《咬文嚼字》（一至三）、《忽然想到》（一至十一）、《并非闲话》等，后来大都收集在《华盖集》和《华盖集续编》上。

一九二五年四月二十四日，鲁迅先生又在《京报》上办了一个《莽原》周刊。登载了一些对于旧社会和旧文化的批判文章。他自己写了《导师》《长城》《答 K.S. 君》《评心雕龙》等，他给许广平的信中说"我之以《莽原》起哄，大半也就为了想由此引些新的这一种批评者来……继续撕去旧社会的假面"。由此，我们可以看出鲁迅先生编辑《莽原》的目的。这个周刊一共出了三十二期，于一九二五年十一月二十七日止。以后在一九二六年一月改为《莽原》半月刊。

另外我们也想了一些栏目，使它更多样化一些，比如请当时学术界人士为"征求青年必读书十部"这栏，开列一些书单，又约青年们写"我爱读的十部书"，也加强了学术界人士和青年之间的联系。鲁迅写了篇《青年必读书》，目的是反对当时在胡适提出的"整理国故""进研究室"等反动口号的影响之下，形成的离开社会实践，埋头于故纸堆中的现象。

那时《京报》是倾向广东革命政府的，有很多关于南方革命情况的报道，其他有些杂文、随感也是针对段祺瑞而发的。所以《京报》从各方面获得了广大群众的支持，销路也增加了。《晨报》由于那时态度的改良，不但鲁迅先生不投稿了，就连其他的人也不爱给他们写稿，一九二四年春天，换了几次编辑，以后由徐志摩主编，也仍然没有起色。

一九二五年冬天，国民党左翼的机关报《国民新报》在十二月五日出版了。其副刊叫《国民新报副刊》，分甲乙两种，甲刊是社会科学，由陈启修主编；乙刊是文学艺术，由鲁迅和张定璜主编。这个报纸在当时算是革命的最前锋，战斗性是很强的，鲁迅除了主编以外，曾发表过《这个与那个》《公理的把戏》《有趣的消息》等文章，大都是对于当时时事的攻击和讽刺，这些文章以后都收集在《华盖集》和《华盖集续编》里边。

一九二六年，北伐前夕，国民党党部被封，《国民新报》也就在这年的二月十日停刊了。甲乙两种副刊共出版六十四期。

关于鲁迅和北京几个报纸副刊的情况，仅就我的记忆，谈到这里吧。

（子禾记）

（原载《北京日报》一九五六年十月十七日）

# 鲁迅和易俗社

今年八月是陕西易俗社成立的五十周年。一个剧社经历了几个重大的历史时期的变迁，存在了整整半个世纪，这不是一件平凡的事，在我国戏剧史上是很重要的一页，也是值得纪念的一桩盛事。

我看过易俗社的几场戏，也曾和社内一部分当事人有过接触，在记忆中还留有一定的印象。但是给我印象更深的，是作为一个演地方戏的易俗社，能在三十八年前就受到我国文化新军的旗手——鲁迅先生的关注和鼓励，就不是一件平常的事了。

那还是在一九二四年七月，鲁迅先生等十多位教授应西北大学的邀请赴西安讲学。当时和鲁迅先生同行的有北京师范大学历史系教授王桐龄，东南大学国文系教授陈钟凡，南开大学哲学教授陈定谟，北京大学前理学院院长夏元瑮等学者，还有北京《京报》记者王小隐和我，我是以北京《晨报》记者的身份同往西安的。那时，去西安的交通很不方便，陇海路的火车只通到河南陕州，陕州下车后就坐船在黄河内溯流西上，至灵宝附近夜间上游暴雨，黄水滚滚东流，在急流之处，犹如一泻千里，航行十分艰险。数日后始到达潼关，进入陕西境界，乃弃舟登陆，改乘汽车西行，当日即到达西安。

西安，是我国历史悠久的文化古都，我们久已向往，但在同行人员之中，绝大多数还是第一次来到这座古老的名城。我们住在西北大学内。在西安讲学期间，曾参观了不少文化古迹，也欣赏了当时在西北享有盛誉的秦腔剧团——陕西易俗社的演出。

陕西易俗社是以一种新型的剧团出现于西北戏曲界，以其组织之严密、编演具有社会教育意义的新戏驰名。鲁迅先生从临时政府起到一九二五年止，曾在旧教育部担任佥事、科长等职务，他主管社会教育工作（当时戏剧是在这部门的），对易俗社编演新剧早有所知，在旅途中亦曾谈起该社，所以这次来西安讲学，他是很有兴趣要看看易俗社的演出的。

到西安后某日，鲁迅先生很风趣地带着初学来的陕西方言对我说："张秘夫（即张秘书，长安土语把秘书的书字念作夫音）要陪我们去看易俗社的戏哉。"当晚，我们就去易俗社看戏，演的是《双锦衣》，上下两本，接连看了两个晚上。故事主题是宣扬爱国思想的，情节很曲折，但日子久了，详情已记不起来了。这个戏的作者是吕南仲先生，他和鲁迅先生与我都是浙江绍兴籍的小同乡。这位吕南仲先生是位学者，也是易俗社当时的主事人，他是非常敬仰鲁迅先生的，加以多了一层同乡之谊，言谈更为方便，因此感到格外亲切。我们看戏时他热情招待，每次看完戏后都要请鲁迅先生和大家谈谈意见。说老实话，我对秦腔唱词听不太懂，那时又没有打字幕的办法，所以听起来较费劲，说白还可以听懂六七成；可是鲁迅先生就比我强得多了，他过去喜欢戏剧，有欣赏戏曲的能力，因此对易俗社演出的这些节目很感满意。他认为吕南仲先生以绍兴人从事编著秦腔剧本，并在秦腔中落户，很是难得。他每次看完演出后，总是给予好评，他感到西安地处偏远，交通不便，而能有这样一个立意提倡社会教育为宗旨的剧社，起移风易俗的作用，实属难能可贵。他对易俗社的成就谈得很多，那时我虽然是一个记者，可是对戏剧是外行，没有引起更大的兴趣，因此没有把鲁迅先生的原话记录成文，否则对了解鲁迅先生关于地方戏剧的看法有所帮助，现在回想起来殊觉惋惜。

那期间，适逢易俗社成立的十二周年，鲁迅先生为了对易俗社所取得的成就表示祝贺，亲笔题"古调独弹"四字，制成匾额一块赠给易俗社，匾额上除鲁迅先生以周树人的名字署名外，还有我们同行的其他学者多人。今日看来，此匾乃是很有纪念意义的实物了。

我们在易俗社看到一金色褒状，那是一九二〇年教育部通俗教育研究会奖给易俗社的。易俗社自一九一二年创办起，即以编演移风易俗的新戏为宗旨，十几年来编出了大小二三百个新剧本，这些剧本的主题都是反对封建、反对迷信、提倡读书识字、提倡婚姻自主、揭露社会黑暗等各个方面。当时鲁迅先生在社教司工作时，凡外地编演什么新的好的剧本，鲁迅先生总是要派人去看戏；如果交通不方便，派人去有困难，那么他就要剧团把剧本送到教育部审阅，以便介绍推广。易俗社自己编演的剧本曾送部很多，因此这个褒状的奖给是和鲁迅先生重视戏剧改革有关的。由于这些原因，所以当我们到西安后，难怪鲁迅先生急欲观看易俗社的演出了。

鲁迅先生等学者在西北大学讲学期间，西北大学校方招待殷勤，彼时正值盛夏，炎热异常，校方招待我们饮汽水、喝啤酒，洋气十足。在那时啤酒、汽水都是高贵饮料，不像现在这样普遍，况且那时西安并不生产这些东西，都是从几千里路以外的京、沪运去的，交通极不方便，价格当然是十分昂贵的了。校方以此来招待，未免过于奢侈。鲁迅先生感到当时河南人在陕执政（陕西督军是刘镇华，河南人），所以西北大学校长傅铜（傅也是河南人）用钱很方便，请我们去讲学，花这么多钱，毫不在乎；可是有位陕西人李宜之，是水利专家，想给陕西兴办水利、治理黄河之害，而上峰却不拨给经费，鲁迅先生对此颇表不满。讲学结束时，他决意将讲学的酬金捐赠易俗社，作为举办戏曲改革事业之用。临行前，鲁迅先生和我各将讲学酬金现洋五十元捐赠易俗社，由我亲自携款送去。这也是鲁迅先生"取之于陕，用之于陕"的一片深意。

在西安待了二十来天，我和鲁迅先生与夏元瑮先生三人要先返京，临行之前，易俗社特设宴为我们饯行。鲁迅先生平素是不愿参加这种繁文俗礼的，但由于他对易俗社颇有好感，因此欣然赴宴。这次饯行却是一次别开生面的宴会，宴席摆在易俗社的剧场内，舞台上由易俗社的主要演员刘箴俗等演出精彩节目，台下除我们三位宾客外，就只主人十余人，其他再无旁人。我们一边看戏，一边畅谈，一边就餐，这是我从未享受过的一次极饶风趣的宴会。由于鲁迅先生和易俗社的朋友们已很熟悉，而大家又都十分敬重鲁迅先生，所以演员们都以兴奋心情和严肃认真的态度参加演出，并不因为台下观众寥寥而稍现懈怠，这也是易俗社优良的舞台作风。我们同行的其他教授，对易俗社亦颇有好感，王桐龄先生在返京后编著的《陕西旅行记》一书中，对易俗社就有较好的评价。

回京时，在离西安三十余里的草滩，我们就登舟东行，沿渭河一路顺水而下，到陕州换乘火车，较去时便利得多了！

这些事都是三十八年以前的事了。易俗社经过许多艰难困苦，依然存在，解放后由于党和毛主席的英明领导，较过去任何时期都得到更大的发展。今年是易俗社成立的五十周年，这在我们国内经历了半个世纪的剧团，恐怕也是绝无仅有的了，因此我把鲁迅先生和易俗社这一段有意义的历史回忆出来，作为我向易俗社成立五十年庆的贺礼。[1]

一九六二年八月　李哲明笔录

（原载一九六二年八月十四日《人民日报》）

---

[1] 关于作者陪同鲁迅先生同赴西安的这段经历，还有两篇相关文章。见附文六、附文七。

# 附录一

## 《野草》英文译本序

### 鲁 迅

冯 Y. S. 先生由他的友人给我看《野草》的英文译本，并且要我说几句话。可惜我不懂英文，只能自己说几句。但我希望，译者将不嫌我只做了他所希望的一半的。

这二十多篇小品，如每篇末尾所注，是一九二四至二六年在北京所作，陆续发表于期刊《语丝》上的。大抵仅仅是随时的小感想。因为那时难于直说，所以有时措辞就很含糊了。

现在举几个例罢。因为讽刺当时盛行的失恋诗，作《我的失恋》，因为憎恶社会上旁观者之多，作《复仇》第一篇，又因为惊异于青年之消沉，作《希望》。《这样的战士》，是有感于文人学士们帮助军阀而作。《腊叶》，是为爱我者的想要保存我而作的。段祺瑞政府枪击徒手民众后，作《淡淡的血痕中》，其时我已避居别处；奉天派和直隶派军阀战争的时候，作《一觉》，此后我就不能住在北京了。

所以，这也可以说，大半是废弛的地狱边沿的惨白色小花，当然不会美丽。但这地狱也必须失掉。这是由几个有雄

辩和辣手，而那时还未得志的英雄们的脸色和语气所告诉我
的。我于是作《失掉的好地狱》。

后来，我不再作这样的东西了。日在变化的时代，已不
许这样的文章，甚而至于这样的感想存在。我想，这也许倒
是好的罢。为译本而作的序言，也应该在这里结束了。

十一月五日

# 附录二

## 鲁迅致日本友人山本初枝女士的信

### 鲁 迅

拜启：惠函敬悉。我们均安，上海仍寂寞如常，天气也冷了。我一直想去日本，然而倘现在去，恐怕不会让我上陆罢。即使允许上陆，说不定也会派便衣钉梢。身后跟着便衣去看樱花，实在是离奇的玩笑，因此我觉得暂时还是等等再说为好。记得前次惠函中曾说起想去塔希提岛，其实我想实物决没有书本、画册和照片上看到的那样秀丽。五六年前我为了写关于唐朝的小说，去过长安。到那里一看，想不到连天空都不象唐朝的天空，费尽心机用幻想描绘出的计划完全打破了，至今一个字也未能写出。原来还是凭书本来摹想的好。我不需要什么东西，但有一件颇麻烦的事相托。我自前年开始订阅版画杂志《白与黑》，是限定版，我又订迟了一些，缺一至十一期，又二十期、三十二期，共十三册。倘贵友中有常到旧书店走动的，烦他代为留意购买。"白与黑社"的地址是淀桥区西落合一之三七号，但该社除了第三十二期外，已无存书。但这也不是什么非有不可的东西，倘没有，也不必费力去找。中国恐怕难以安定。上海的白色恐怖日益猖獗，青年常失踪。我仍在家里，不知是因为没有线索呢，还是嫌我老了，不要我，总之我是平安无事。只要是平安无事，就姑且活下去罢。增田二世的相片我也收到了。我回信说，他比父亲神气，想来这对一世有些失敬，然而是事实。

鲁迅　上

（一月十一日）

山本夫人几下

# 附录三

## 关于知识阶级

### 鲁　迅

我到上海约二十天，这回来上海并无什么意义，只是跑来跑去偶然到上海就是了。

我没有什么学问和思想，可以贡献给诸君。但这次易先生要我来讲几句话；因为我去年亲见易先生在北京和军阀官僚怎样奋斗；而且我也参与其间，所以他要我来，我是不得不来的。

我不会讲演，也想不出什么可讲的，讲演近于做八股，是极难的，要有讲演的天才才好，在我是不会的。终于想不出什么，只能随便一谈；刚才谈起中国情形，说到"知识阶级"四字，我想对于知识阶级发表一点个人的意见，只是我并不是站在引导者的地位，要诸君都相信我的话，我自己走路都走不清楚，如何能引导诸君？

"知识阶级"一辞是爱罗先珂（V. Eroshenko）七八年前讲演"知识阶级及其使命"时提出的，他骂俄国的知识阶级，也骂中国的知识阶级，中国人于是也骂起知识阶级来了；后来便要打倒知识阶级，再利害一点甚至于要杀知识阶级了。知识就仿佛是罪恶，但是一方面虽有人骂知识阶级；一方面却又有人以此自豪：这种情形是中国所特有的，所谓俄国的知识阶级，其实与中国的不同，俄国当革命以前，社会上还欢迎知识阶级。为什么要欢迎呢？因为他确能替平民抱不平，把平民的苦痛告诉大众。他为什么能把平民的苦痛说出来？因为他与平民接近，或自身就是平民。几年前有一位中国大学教授，他很奇怪，为什么有人要描写一个车夫的事情，这就因为大学教授一向住在高大的洋房里，不明白平民的生活。欧洲的著作家往往是平民出身，（欧洲人虽出身穷苦，而也做文章；这因为他们的文字容易写，中国的文字却不容易写了。）所以也同样的感受到平民的苦痛，当然能痛痛快快写出来为平民说话，因此平民以为知识阶级对于自身是有益的；于是赞成他，到处都欢迎他，但是他们既受此荣誉，地位就增高了，而同时却把平民忘记了，变成一种特别的阶级。那时他们自以为了不得，到阔人家里去宴会，钱也多了，房子东西都要好的，终于与平民远远的离开了。他享受了高贵的生活，就记不起从前一切的贫苦生活了。——所以请诸位不要拍手，拍了手把我的地位一提高，我就要忘记了说话的。他不但不同情于平民，或许还要压迫平民，以致变成了平民的敌人，现在贵族阶级不能存在；贵族的知识阶级当然也不能站住了，这是知识阶级缺点之一。

　　还有知识阶级不可免避的运命，在革命时代是注重实行的，动的；思想还在其次，直白地说：或者倒有害。至少我个人的意见如此的。唐朝奸臣李林甫有一次看兵操练很勇敢，就有人对着他称赞。他说："兵好是好，可是无思想，"这话很不差。因为兵之所以勇敢，就在没有思想，要是有了思想，就会没有勇气了。现在倘叫我去当兵，要我去革命，我一定不去，因为明白了利害是非，就难于实行了。有知识的人，讲讲柏拉图（Plato）讲讲苏格拉底（Socrates）是不会有危险的。讲柏拉图可以讲一年，讲苏格拉底可以讲三年，他很可以安安稳稳地活下去，但要他去干危险的事情，那就很费踌躇。譬如中国人，凡是做文章，总说"有利然而又有弊"，这最足以代表知识阶级的思想。其实无论什么都是有弊的，就是吃饭也是有弊的，它能滋养我们这方面是有利的；但是一方面使我们消化器官疲乏，那就不好而有弊了。假使做事要面面顾到，那就什么事都不能做了。

还有，知识阶级对于别人的行动，往往以为这样也不好，那样也不好。先前俄国皇帝杀革命党，他们反对皇帝；后来革命党杀皇族，他们也起来反对。问他怎么才好呢？他们也没办法。所以在皇帝时代他们吃苦，在革命时代他们也吃苦，这实在是他们本身的缺点。

所以我想，知识阶级能否存在还是个问题。知识和强有力是冲突的，不能并立的；强有力不许人民有自由思想，因为这能使能力分散，在动物界有很显的例；猴子的社会是最专制的，猴王说一声走，猴子都走了。在原始时代酋长的命令是不能反对的，无怀疑的，在那时酋长带领着群众并吞衰小的部落；于是部落渐渐的大了，团体也大了。一个人就不能支配了。因为各个人思想发达了，各人的思想不一，民族的思想就不能统一，于是命令不行，团体的力量减小，而渐趋灭亡。在古时野蛮民族常侵略文明很发达的民族，在历史上常见的。现在知识阶级在国内的弊病，正与古时一样。

英国罗素（Russel）法国罗曼罗兰（R. Rolland）反对欧战，大家以为他们了不起，其实幸而他们的话没有实行，否则德国早已打进英国和法国了；因为德国如不能同时实行非战，是没有办法的。俄国托尔斯泰（Tolstoi）的无抵抗主义之所以不能实行，也是这个原因。他不主张以恶报恶的，他的意思是皇帝叫我们去当兵，我们不去当兵。叫警察去捉，他不去；叫刽子手去杀，他不去杀，大家都不听皇帝的命令，他也没有兴趣；那么做皇帝也无聊起来，天下也就太平了。然而如果一部分的人偏听皇帝的话，那就不行。

我从前也很想做皇帝，后来在北京去看到宫殿的房子都是一个刻板的格式，觉得无聊极了。所以我皇帝也不想做了。做人的趣味在和许多朋友有趣的谈天，热烈的讨论。做了皇帝，口出一声，臣民都下跪，只有不绝声的——Yes，Yes，那有什么趣味？但是还有人做皇帝，因为他和外界隔绝，不知外面还有世界！

总之，思想一自由，能力要减少，民族就站不住，他的自身也站不住了。现在思想自由和生存还有冲突，这是知识阶级本身的缺点。

　　然而知识阶级将怎么样呢？还是在指挥刀下听令行动，还是发表倾向民众的思想呢？要是发表意见，就要想到什么就说什么。真的知识阶级是不顾利害的，如想到种种利害，就是假的，冒充的知识阶级；只是假知识阶级的寿命倒比较长一点。像今天发表这个主张，明天发表那个意见的人，思想似乎天天在进步；只是真的知识阶级的进步，决不能如此快的。不过他们对于社会永不会满意的，所感受的永远是痛苦，所看到的永远是缺点，他们预备着将来的牺牲，社会也因为有了他们而热闹，不过他的本身——心身方面总是苦痛的；因为这也是旧式社会传下来的遗物。至于诸君，是与旧的不同，是二十世纪初叶青年，如在劳动大学一方读书，一方做工，这是新的境遇；或许可以造成新的局面，但是环境还是老样子，着着逼人堕落，倘不与这老社会奋斗，还是要回到老路上去的。

　　譬如从前我在学生时代不吸烟，不吃酒，不打牌，没有一点嗜好；后来当了教员，有人发传单说我抽鸦片。我很气，但并不辩明，为要报复他们，前年我在陕西就真的抽一回鸦片，看他们怎样？此次来上海有人在报纸上说我来开书店；又有人说我每年版税有一万多元。但是我也并不辩明；但曾经自己想，与其负空名，倒不如真的去赚这许多进款。

　　还有一层，最可怕的情形，就是比较新的思想运动起来时，如与社会无关，作为空谈，那是不要紧的，这也是专制时代所以能容知识阶级存在的原故。因为痛哭流泪与实际是没有关系的，只是思想运动变成实际的社会运动时，那就危险了。往往反为旧势力所扑灭。中国现在也是如此，这现象，革新的人称之为"反动"。我在文艺史上，却找到一个好名辞，就是 Renaissance，在意大利文艺复兴的意义，是把古时好的东西复活，将现存的坏的东西压倒，因为那时候思想太专制腐败了，在古时代确实有些比较好的；因此后来得到了社会上的信仰。现在中国顽固派的复古，把孔子礼教都拉出来了，但是他们拉出来的是好的么？如果是不好的，就是反动，倒退，以后恐怕是倒退的时代了。

还有，中国人现在胆子格外小了，这是受了共产党的影响。人一听到俄罗斯，一看见红色，就吓得一跳；一听到新思想，一看到俄国的小说，更其害怕，对于较特别的思想，较新思想尤其丧心发抖，总要仔仔细细底想，这有没有变成共产党思想的可能性？！这样的害怕，一动也不敢动，怎样能够有进步呢？这实在是没有力量的表示，比如我们吃东西，吃就吃，若是左思右想，吃牛肉怕不消化，喝茶时又要怀疑，那就不行了，——老年人才是如此；有力量，有自信力的人是不至于此的。虽是西洋文明罢，我们能吸收时，就是西洋文明也变成我们自己的了。好像吃牛肉一样，决不会吃了牛肉自己也即变成牛肉的，要是如此胆小，那真是衰弱的知识阶级了，不衰弱的知识阶级，尚且对于将来的存在不能确定；而衰弱的知识阶级是必定要灭亡的。从前或许有，将来一定不能存在的。

现在，比较安全一点的，还有一条路，是不做时评而做艺术家。要为艺术而艺术。住在"象牙之塔"里，目下自然要比别处平安。就我自己来说罢，——有人说我只会讲自己，这是真的。我先前独自住在厦门大学的一所静寂的大洋房里；到了晚上，我总是孤思默想，想到一切，想到世界怎样，人类怎样，我静静地思想时，自己以为很了不得的样子；但是给蚊子一咬，跳了一跳，把世界人类的大问题全然忘了，离不开的还是我本身。

就我自己说起来，是早就有人劝我不要发议论，不要做杂感，你还是创作去吧！因为做了创作在世界史上有名字，做杂感是没有名字的。其实就是我不做杂感，世界史上，还是没有名字的，这得声明一句，是：这些劝我做创作，不要写杂感的人们之中，有几个是别有用意，是被我骂过的。所以要我不再做杂感。但是我不听他，因此在北京终于站不住了，不得不躲到厦门的图书馆上去了。

艺术家住在象牙塔中，固然比较地安全，但可惜还是安全不到底。秦始皇，汉武帝想成仙，终于没有成功而死了。危险的临头虽然可怕，但别的运命说不定，"人生必死"的运命却无法逃避，所以危险也仿佛用不着害怕似的。但我并不想劝青年得到危险，也不劝他人去做牺牲，说为社会死了名望好，高巍巍的镌起铜像来。自己活着的人没有劝别人去死的权利，假使你自己以为死是好的，那么请你自己先去死吧。诸君中恐有钱人不多罢。那么，我们穷人唯一的资本就是生命。以生命来投资，为社会做一点事，总得多赚一点利才好；以生命来做利息很小的牺牲，是不值得的。所以我从来不叫人去牺牲，但也不要再爬进象牙之塔和知识阶级里去了，我以为是最稳当的一条路。

至于有一班从外国留学回来，自称知识阶级，以为中国没有他们就要灭亡的，却不在我所论之内，像这样的知识阶级，我还不知道是些什么东西？

今天的说话很没有伦次，望诸君原谅！

# 附录四

## 民元前的鲁迅先生

景 宋

鲁迅先生是健谈的，凡是时常和他见面的朋友多知道。在授课或讲演的时候，他能够出神入化地讲，引得人们哄笑，而他自己却并不笑。但是在和私人谈话，他就会带讲带笑，说到高兴时，还会有响震屋宇的格格的轩朗笑声，似乎把一切的沉闷都驱逐去了。同时也会在这情境之下展示他生命的一页页。

在东京求学时代，不但留学生多，因为地理的便捷，经济的减省，比较地更是政治运动者的大本营，而先生也适逢其会在那一时，地，和许多人接触。

浙江革命领袖陶焕卿先生，因为同乡的关系，时常来往，对于革命的举动，因着自然的耳濡目染，虽则知道得很清楚，似乎还没有肯参加过实际行动，他总说："革命的领袖者，是要有特别的本领的，我却做不到。"有一回，看见某君泰然自若地和朋友谈天说地；而当时当地就有他的部下在实际行动着丢炸弹，做革命暗杀事情。当震耳的响声传到的时候，先生想到那实际工作者的可能惨死的境遇，想到那一幕活剧的可怖，就焦躁不堪。的确是这样脾气的，他对于相识的人，怕见他的冒险。（见《两地书》）而回顾某君，却神色不变，好似和他绝不生关系的一般，使先生惊佩不置。所以他又说："革命者叫你去做，你只得遵命，不许问的。我却要问，要估量这事的价值，所以我不能够做革命者。"在《两地书》中，先生也曾说过："凡做领导的人，一须勇猛，而我看事情太仔细，一仔细，即多疑虑，不易勇往直前，二须不惜用牺牲，而我最不愿使别人做牺牲（这其实还是革命以前的种种事情的刺激结果），也就不能有大局面。"这就是说明他之所以终生是一个思想领导者而不是实际行动者了。

秋瑾女士，是同时的留学生，又是同乡，所以也时常来访。她的脾气是豪直的，来到也许会当面给人过不去，大家对于她来都有点惴惴欲遁，但是假使赶快款待餐饭，也会风平浪静地化险为夷。那时女留学生实在少，所以每有聚会，一定请她登台说话，一定拼命拍手。不幸遇害了，先生说："秋瑾是被人拍死的，其实她并没有做什么。"这情形是可能的。也许先生因为痛惜她的死，因而更容易推论到她死的可惜了。

章太炎先生，国学非常之精醇，而又是一位百折不挠的革命家，先生的向他求学，不是志在学问，而是向往他的人格。在《关于太炎先生二三事》里就明白地承认："前去听讲也在这时候，但又并非因为他是学者，却为了他是有学问的革命家，所以直到现在，先生的音容笑貌，还在目前，而所听的《说文解字》却一句也不记得了。"章先生的革命勋业，是人所共知的，而他的"七被追捕，三入牢狱，而革命之志，终不屈挠。"却是先生的"楷模"，终于先生也以"韧的战斗"见称于世，是真真能够得求学的真髓的。章先生对待学生，不是授课的时候，好似家人老友一样和蔼相向，这种精神，先生也得其神似，所以终他的一生，对青年的态度纯恳，是有所本的。

凡是跟章先生研究《说文解字》或研究他的著作的，都知道他好用古体字。因之在鲁迅先生译《城外小说集》的时候，也不知不觉地采用了。但据鲁迅先生说，章先生本来不过偶然写几个古字，可是有一位最年青而又聪明的钱玄同先生，却时常会拿着书走向章先生跟前，指出还有那几个字应该照古体的样子写，于是章先生点头称是，照改了。越改越甚，这就弄成后来的一些文章上所见到的特别现象。

鲁迅先生对于章先生是很尊崇的，每逢提起，总严肃地称他"太炎先生"。当章先生反对袁世凯称帝的野心时，曾经被逮绝食，大家没法子敢去相劝，还是推先生亲自到监狱婉转陈词才进食的。后来章先生晚年行动，稍稍使人失望，先生却能原情度理，给予公允的批评，读到他纪念章先生的文章，即令人起无限景仰，给予真正的估价。

一九一〇年，先生担任绍兴中学堂的教员兼监学，那时他不过刚刚三十岁，正年富力强的时候。办事认真，学生们都畏惧他，胡愈之、孙伏园、宋紫佩等先生都是该校的俊秀超卓者，而又是社会上知名之士。内中宋先生，比较沉着，他本来在求学时最先也是学生中反对先生者之一，大约因为做监学的严峻，引起一部分人的不满罢，不知怎么一来，到后来倒是先生最知己的亲切朋友，而且加入"南社"也是宋先生介绍的。不过对于"南社"的作风，先生似乎不赞同，所以始终是一个挂名的社员，没有什么表现，甚至连许多社友也不大知道他是同志之一。

宋先生在短短的不满意之后，对先生十分了解，后来一同在北平就事，以同乡而又学生的关系，过从甚于亲属，许多事情，先生都得他帮忙。一直到现在，他的母亲，还时常得到宋先生的照拂。所以先生时常说："我觉得先同我闹过，后来再认识的朋友，是一直好下去；而先是要好，一闹之后，是不大会再好起来的。"这几句话，拿来考察先生和朋友之际的关系，似颇的确。

一九一一年，就在辛亥革命的时候，绍兴光复了。那时的都督是叫黄某某的，是一位中国的罗宾汉而革命成功者。关于这位先生，有许多可歌可泣的举动，且不去说他。和先生也是朋友，正好先生在任绍兴师范学校校长，那时的都督不少是操军政大权，无所不管的，当然学校用款也只得向黄都督面请了。总算不错，时常特别给予通融。不过去见都督的时候，你的帽子，外衣却不能挂起再去的，小罗宾汉很多，他们会很亲切地把哥哥们的朋友也看待和哥哥一样，通融用起来，是毫不为奇的。渐渐外间对都督颇有微词，甚至先生主持的学校的学生们办的刊物，也居然略有对都督不敬的文章。据传说引起都督大大不痛快，几乎要拿办先生，理由是拿他的钱来办学校而攻击他，怎么可以呢？在有一次先生照例去领款的时候，都督说："怎么又来拿钱，人家都把钱送到我这里来，你反而要拿去，好，再给你一些，下次没有了。""没有钱，怎好办学校呢，我也不会变出钱来，更不会送去。"先生笑了笑结束了这经过，说："我赶快办交代，一切账目都算清，结余一角五分钱，一同连学校交出了。"

他的得任校长，是当局对前任校长不满意，要他来继任之后，可以从办交代中，找出前校长的错处，做一个堂堂的处理的。哪晓得在先生就职之后，不但不查账，而且连照例的账房先生也不换。在捏着一把汗接待新校长的账房先生，听到叫他留任时，总不相信自己的耳朵是否听错。等到明白了是的确的时候，也却叹为奇遇，逢人便说。

辛亥革命的时候，先生承认没有做过什么工作，只是高兴得很。在绍兴尚未光复之顷，人心浮动，先生曾经召集了全校学生们，整队出发，在市面上游行了一通来镇静人心，结果大家当作革命军已经来了，成为唾手而得的绍兴光复。每逢谈起，先生总带着不少的兴趣描述当时情景，说好像刚刚出发回来的那么新鲜，感动。

# 附录五

## 从胡须说到牙齿

### 鲁　迅

### 1

一翻《呐喊》，才又记得我曾在中华民国九年双十节的前几天做过一篇《头发的故事》；去年，距今快要一整年了罢，那时是《语丝》出世未久，我又曾为它写了一篇《说胡须》。实在似乎很有些章士钊之所谓"每况愈下"了，——自然，这一句成语，也并不是章士钊首先用错的，但因为他既以擅长旧学自居，我又正在给他打官司，所以就栽在他身上。当时就听说，——或者也是时行的"流言"，——一位北京大学的名教授就愤慨过，以为从胡须说起，一直说下去，将来就要说到屁股，则于是乎便和上海的《晶报》一样了。为什么呢？这须是熟精今典的人们才知道，后进的"束发小生"是不容易了然的。因为《晶报》上曾经登过一篇《太阳晒屁股赋》，屁股和胡须又都是人身的一部分，既说此部，即难免不说彼部，正如看见洗脸的人，敏捷而聪明的学者即能推见他一直洗下去，将来一定要洗到屁股。所以有志于做 gentleman 者，为防微杜渐起见，应该在背后给一顿奚落的。——如果说此外还有深意，那我可不得而知了。

昔者窃闻之：欧美的文明人讳言下体以及和下体略有渊源的事物。假如以生殖器为中心而画一正圆形，则凡在圆周以内者均在讳言之列；而圆之半径，则美国者大于英。中国的下等人，是不讳言的；古之上等人似乎也不讳，所以虽是公子而可以名为黑臀。讳之始，不知在什么时候；而将英美的半径放大，直至于口鼻之间或更在其上，则昉于一千九百二十四年秋。

文人墨客大概是感性太锐敏了之故罢，向来就很娇气，什么也给他说不得，见不得，听不得，想不得。道学先生于是乎从而禁之，虽然很像背道而驰，其实倒是心心相印。然而他们还是一看见堂客的手帕或者姨太太的荒冢就要做诗。我现在虽然也弄弄笔墨做做白话文，但才气却仿佛早经注定是该在"水平线"之下似的，所以看见手帕或荒冢之类，倒无动于中；只记得在解剖室里第一次要在女性的尸体上动刀的时候，可似乎略有做诗之意，——但是，不过"之意"而已，并没有诗，读者幸勿误会，以为我有诗集将要精装行世，传之其人，先在此预告。后来，也就连"之意"都没有了，大约是因为见惯了的缘故罢，正如下等人的说惯一样。否则，也许现在不但不敢说胡须，而且简直非"人之初性本善论"或"天地玄黄赋"便不屑做。遥想土耳其革命后，撕去女人的面幕，是多么下等的事？呜呼，她们已将嘴巴露出，将来一定要光着屁股走路了！

## 2

　　虽然有人数我为"无病呻吟"党一。但我以为自家有病自家知，旁人大概是不很能够明白底细的。倘没有病，谁来呻吟？如果竟要呻吟，那就已经有了呻吟病了，无法可医。——但模仿自然又是例外。即如自胡须直至屁股等辈，倘使相安无事，谁爱去纪念它们；我们平居无事时，从不想到自己的头，手，脚以至脚底心。待到慨然于"头颅谁斫""髀肉（又说下去了，尚希绅士淑女恕之）复生"的时候，是早已别有缘故的了，所以，"呻吟"。而批评家们曰："无病"。我实在艳羡他们的健康。

　　譬如腋下和胯间的毫毛，向来不很肇祸，所以也没有人引为题目，来呻吟一通。头发便不然了，不但白发数茎，能使老先生揽镜慨然，赶紧拔去；清初还因此杀了许多人。民国既经成立，辫子总算剪定了，即使保不定将来要翻出怎样的花样来，但目下总不妨说是已经告一段落。于是我对于自己的头发，也就淡然若忘，而况女子应否剪发的问题呢，因为我并不预备制造桂花油或贩卖烫剪；事不干己，是无所容心于其间的。但到民国九年，寄住在我的寓里的一位小姐考进高等女子师范学校去了，而她是剪了头发的，再没有法可梳盘龙髻或 S 髻。到这时，我才知道虽然已是民国九年，而有些人之嫉视剪发的女子，竟和清朝末年之嫉视剪发的男子相同；校长M先生虽被天夺其魄，自己的头顶秃到近乎精光了，却偏以为女子的头发可系千钧，示意要她留起。设法去疏通了几回，没有效，连我也听得麻烦起来，于是乎"感慨系之矣"了，随口呻吟了一篇《头发的故事》。但是，不知怎的，她后来竟居然并不留长，现在还是蓬蓬松松的在北京道上走。

本来，也可以无须说下去了，然而连胡须样式都不自由，也是我平生的一件感愤，要时时想到的。胡须的有无，式样，长短，我以为除了直接受着影响的人以外，是毫无容喙的权利和义务的，而有些人们偏要越俎代谋，说些无聊的废话，这真和女子非梳头不可的教育，"奇装异服"者要抓进警厅去办罪的政治一样离奇。要人没有反拨，总须不加刺激；乡下人捉进知县衙门去，打完屁股之后，叩一个头道："谢大老爷！"这情形是特异的中国民族所特有的。

不料恰恰一周年，我的牙齿又发生问题了，这当然就要说牙齿。这回虽然并非说下去，而是说进去，但牙齿之后是咽喉，下面是食道，胃，大小肠，直肠，和吃饭很有相关，仍将为大雅所不齿；更何况直肠的邻近还有膀胱呢，呜呼！

3

中华民国十四年十月二十七日，即夏历之重九，国民因为主张关税自主，游行示威了。但巡警却断绝交通，至于发生冲突，据说两面"互有死伤"。次日，几种报章（《社会日

报》,《世界日报》,《舆论报》,《益世报》,《顺天时报》等）
的新闻中就有这样的话：

> "学生被打伤者，有吴兴身（第一英文学校），头
> 部刀伤甚重……周树人（北大教员）齿受伤，脱门牙
> 二。其他尚未接有报告。……"

这样还不够，第二天，《社会日报》,《舆论报》,《黄
报》,《顺天时报》又道：

> "……游行群众方面，北大教授周树人（即鲁迅）
> 门牙确落二个。……"

舆论也好，指导社会机关也好，"确"也好，不确也好，
我是没有修书更正的闲情别致的。但被害苦的是先有许多学
生们，次日我到 L 学校去上课，缺席的学生就有二十余，他
们想不至于因为我被打落门牙，即以为讲义也跌了价的，大
概是预料我一定请病假。还有几个尝见和未见的朋友，或则
面问，或则函问；尤其是朋其君，先行肉薄中央医院，不
得，又到我的家里，目睹门牙无恙，这才重回东城，而"昊
天不吊"，竟刮起大风来了。

假使我真被打落两个门牙，倒也大可以略平"整顿学
风"者和其党徒之气罢；或者算是说了胡须的报应，——因

为有说下去之嫌，所以该得报应，——依博爱家言，本来也未始不是一举两得的事。但可惜那一天我竟不在场。我之所以不到场者，并非遵了胡适教授的指示在研究室里用功，也不是从了江绍原教授的忠告在推敲作品，更不是依着易卜生博士的遗训正在"救出自己"；惭愧我全没有做那些大工作，从实招供起来，不过是整天躺在窗下的床上而已。为什么呢？曰：生些小病，非有他也。

然而我的门牙，却是"确落二个"的。

## 4

这也是自家有病自家知的一例，如果牙齿健全的，决不会知道牙痛的人的苦楚，只见他歪着嘴角吸风，模样着实可笑。自从盘古开辟天地以来，中国就未曾发明过一种止牙痛的好方法，现在虽然很有些什么"西法镶牙补眼"的了，但大概不过学了一点皮毛，连消毒去腐的粗浅道理也不明白。以北京而论，以中国自家的牙医而论，只有几个留美出身的博士是好的，但是，yes，贵不可言。至于穷乡僻壤，却连皮毛家也没有，倘使不幸而牙痛，又不安本分而想医好，怕只好去叩求城隍土地爷爷罢。

我从小就是牙痛党之一，并非故意和牙齿不痛的正人君子们立异，实在是"欲罢不能"。听说牙齿的性质的好坏，也有遗传的，那么，这就是我的父亲赏给我的一份遗产，因为他牙齿也很坏。于是或蛀，或破，……终于牙龈上出血了，无法收拾；住的又是小城，并无牙医。那时也想不到天下有所谓"西法……"也者，惟有《验方新编》是唯一的救星；然而试尽"验方"都不验。后来，一个善士传给我一个秘方：择日将栗子风干，日日食之，神效。应择那一日，现在已经忘却了，好在这秘方的结果不过是吃栗子，随时可以风干的，我们也无须再费神去查考。自此之后，我才正式看中医，服汤药，可惜中医仿佛也束手了，据说这是叫"牙损"，难治得很呢。还记得有一天一个长辈斥责我，说，因为不自爱，所以会生这病的；医生能有什么法？我不解，但从此不再向人提起牙齿的事了，似乎这病是我的一件耻辱。如此者久而久之，直至我到日本的长崎，再去寻牙医，他给我刮去了牙后面的所谓"齿垽"，这才不再出血了，化去的医费是两元，时间是约一小时以内。

我后来也看看中国的医药书，忽而发见触目惊心的学说了。它说，齿是属于肾的，"牙损"的原因是"阴亏"。我这才顿然悟出先前的所以得到申斥的原因来，原来是它们在这里这样诬陷我。到现在，即使有人说中医怎样可靠，单方怎样灵，我还都不信。自然，其中大半是因为他们耽误了我的父亲的病的缘故罢，但怕也很挟带些切肤之痛的自己的私怨。

事情还很多哩，假使我有 Victor Hugo 先生的文才，也许因此可以写出一部《Les Misérables》的续集。然而岂但没有而已么，遭难的又是自家的牙齿，向人分送自己的冤单，是不大合式的，虽然所有文章，几乎十之九是自身的暗中的辩护。现在还不如迈开大步一跳，一径来说"门牙确落二个"的事罢：

袁世凯也如一切儒者一样，最主张尊孔。做了离奇的古衣冠，盛行祭孔的时候，大概是要做皇帝以前的一两年。自此以来，相承不废，但也因秉政者的变换，仪式上，尤其是行礼之状有些不同：大概自以为维新者则出则西装而鞠躬，尊古者兴则古装而顿首。我曾经是教育部的佥事，因为"区区"，所以还不入鞠躬或顿首之列的；但届春秋二祭，仍不免要被派去做执事。执事者，将所谓"帛"或"爵"递给鞠躬或顿首之诸公的听差之谓也。民国十一年秋，我"执事"后坐车回寓去，既是北京，又是秋，又是清早，天气很冷，所以我穿着厚外套，带了手套的手是插在衣袋里的。那车夫，我相信他是因为瞌睡，胡涂，决非章士钊党；但他却在中途用了所谓"非常处分"，以"迅雷不及掩耳之手段"，自己跌倒了，并将我从车上摔出。我手在袋里，来不及抵按，结果便自然只好和地母接吻，以门牙为牺牲了。于是无门牙而讲书者半年，补好于十二年之夏，所以现在使朋其君一见放心，释然回去的两个，其实却是假的。

## 5

孔二先生说，"虽有周公之才之美，使骄且吝。其余，不足观也矣。"这话，我确是曾经读过的，也十分佩服。所以如果打落了两个门牙，借此能给若干人们从旁快意，"痛快"倒也毫无吝惜之心。而无如门牙，只有这几个，而且早经脱落何？但是将前事拉成今事，却也是不甚愿意的事，因为有些事情，我还要说真实，便只好将别人的"流言"抹杀了，虽然这大抵也以有利于己，至少是无损于己者为限。准此，我便顺手又要将章士钊的将后事拉成前事的胡涂账揭出来。

又是章士钊。我之遇到这个姓名而摇头，实在由来已久；但是，先前总算是为"公"，现在却像憎恶中医一样，仿佛也挟带一点私怨了，因为他"无故"将我免了官，所以，在先已经说过：我正在给他打官司。近来看见他的古文的答辩书了，很斤斤于"无故"之辩，其中有一段：

> "……又该伪校务维持会擅举该员为委员，该员又不声明否认，显系有意抗阻本部行政，既情理之所难容，亦法律之所不许。……不得已于八月十二日，呈请执政将周树人免职，十三日由　执政明令照准……"

于是乎我也"之乎者也"地驳掉他：

> "查校务维持会公举树人为委员，系在八月十三日，而该总长呈请免职，据称在十二日。岂先预知将举树人为委员而先为免职之罪名耶？……"

　　其实，那些什么"答辩书"也不过是中国的胡牵乱扯的照例的成法，章士钊未必一定如此胡涂；假使真只胡涂，倒还不失为胡涂人，但他是知道舞文玩法的。他自己说过："挽近政治。内包甚复。一端之起。其真意往往难于迹象求之。执法抗争。不过迹象间事。……"所以倘若事不干己，则与其听他说政法，谈逻辑，实在远不如看《太阳晒屁股赋》，因为欺人之意，这些赋里倒没有的。

　　离题愈说愈远了：这并不是我的身体的一部分。现在即此收住，将来说到那里，且看民国十五年秋罢。

一九二五年十月三十日

# 附录六

## 鲁迅先生在西安

### 孙福熙

鲁迅先生喜爱唐代文物，而且有深切的研究，计划写《杨贵妃》一文，所以想来西安亲身体会，以充实文字的内容。

适巧，一九二四年夏季，西北大学请鲁迅先生来西安讲学，他就欣然同意了。《鲁迅日记》中所记日程是：

七月七日由京汉铁路离开北京，过郑州，九日夜间到陕县，十日坐黄河船泊灵宝，十三日到潼关，十四日坐汽车离潼关到华清池浴，下午到西安。路中经过七昼夜之多。

八月四日离西安，乘骡车出东门至草滩上船，过渭南、华阴，一路遇逆风。九日过函谷关，到陕县。十二日半夜回到北京。来回一月有余，而在西安的日子是二十天。

先生是接受陕西的"暑期学校"讲学的聘请而来西安的。听讲的人除陕西省教育厅通知中小学教员和各县劝学所选派来的以外，有西北大学的学生，自愿听讲而报名的。

有讲演的日子是八天，讲了十一次，共十二小时。讲题是《中国小说的历史的变迁》。

讲武堂也请先生去讲演，讲的也是小说史。

这时期，鲁迅先生正在北京大学开讲中国小说史的课，而且讲稿编为《中国小说史略》正出版。但先生可讲的题目是很多的，为什么都是讲小说史呢？这很明白，是为了对付当时的黑暗军阀，表示不受其利用。

除讲演以外，先生曾到易俗社看戏，有四次之多，又加送行时"在易俗社设宴演剧饯行"（日记八月三日），共五次。到社参观时，社长吕南仲介绍了社的目的和组织，因为主旨是"编演新戏曲，改良新社会"，有"移风易俗"的意义。戏园间壁有戏曲学校，两处相通，实在是一个组织。一九一二年创办。在这样早的时候，秦腔就开始注意改良，而且用较新的教育方法，培养了人才。

鲁迅先生与伏园先生看了戏，尤其对学校很同情，他说："把陕西人的钱，在陕西用掉"，就以讲学所得报酬各人三百元中，共捐一百元给易俗社。而且捐匾一方，依鲁迅先生的意思，题"古调独弹"四字。

先生游碑林，游大小雁塔。又常在各家古玩铺购买石刻、拓片、造像、陶瓶、土偶人、弩机等古物。又到阎甘园家看收藏画。先生有拓片柳条箱两箱，曾约我一同整理，因没有时间，未能实行。

当时的西安，政治黑暗，古迹毁坏，这给先生的印象不但不好，反把从前的想象打破了。因此，本来想到马嵬坡去的，终于没有去。也因此没有写成《杨贵妃》一文。

后来在散文集《坟》中《说胡须》一篇，有这样的话：

民国时期的大雁塔 |

"陕西人费心劳力，备饭化钱，用汽车载，用船装，用骡车拉，用自动车装，请到长安去讲演，……他们简直是受了骗了。"

这证明先生时时刻刻对人民大众负责的心情。先生在西北大学时，就住在现在的鲁迅纪念室，工友同志招待周到，先生主张多给报酬，虽然有人反对，而先生与伏园先生"照原议多给"。

鲁迅先生大力提倡文艺，竭诚爱护青年，只因当时的社会黑暗，不能多有表示，只得讲讲小说史。但从这讲演中，传播了不少文艺思想的种子，而且与许多人建立了友谊。又写了《说胡须》《看镜有感》等文字。

现在，到西安来的交通是方便得多了，火车直达，只要一天余，如果先生在世，一定乐于再来，受西北人民大众的狂热欢迎。先生看了西安的建设这样进步，一定点头称许。而且，西安各处古迹都加修建和保护，先生见了一定把《杨贵妃》的著作一下就写成了。

我们纪念鲁迅先生，必须百倍努力，使经济建设和文化建设达到可能的最高水平。

【附注】伏园先生是和鲁迅先生同来西安讲学，后来同回北京的。现在他因手未复原，不能写作。我根据他的话，写这小文。

（原载一九五六年十月十九日《西安日报》）

# 附录七

## 长安道上

### 孙伏园

岂明先生：

　　在长安道上读到你的《苦雨》，却有一种特别的风味，为住在北京的人们所想不到的。因为我到长安的时候，长安人正在以不杀猪羊为武器，大与老天爷拼命，硬逼他非下雨不可。我是十四日到长安的，你写《苦雨》在十七日，长安却到二十一日才得雨的。不但长安苦旱，我过郑州，就知郑州一带已有两月不曾下雨，而且以关闭南门，禁宰猪羊为他们求雨的手段。一到渭南，更好玩了：我们在车上，见街中走着大队衣衫整洁的人，头上戴着鲜柳叶扎成的帽圈，前面导以各种刺耳的音乐。这一大群"桂冠诗人"似的人物，就是为了苦旱向老天爷游街示威的。我们如果以科学来判断他们，这种举动自然是太幼稚。但放开这一面不提，单论他们的这般模样，却令我觉着一种美的诗趣。长安城内就没有这样纯朴了，一方面虽然禁屠，却另有一方面不相信禁屠可以致雨，所以除了感到不调和的没有肉吃以外，丝毫不见其他有趣的举动。

　　我是七月七日晚上动身的，那时北京正下着梅雨。这天下午我到青云阁买物，出来遇着大雨，不能行车，遂在青云阁门口等待十余分钟。雨过以后上车回寓，见李铁拐斜街地上干白，天空虽有块云来往，却毫无下雨之意。江南人所谓"夏雨隔灰堆，秋雨隔牛背"。此种景象年来每于此地见之，岂真先生所谓"天气转变"欤？从这样充满着江南风味的北京城出来，碰巧沿着黄河往"陕半天"去，私心以为必可躲开梅雨，摆脱江南景色，待我回京时，已是秋高气爽的了。而孰知大不然。从近日寄到的北京报上，知道北京的雨水还是方兴未艾，而所谓江南景色，则凡我所经各地，又是满眼皆然。火车出直隶南境，就见两旁田地，渐渐腴润。种植的是各物俱备，有花草，有树木，有庄稼，是冶森林花园田地于一炉，而乡人庐舍，即在这绿色丛中，四处点缀，这不但令人回想江南景色，更令人感到黄河南北，竟有胜过江南景色的了。河南西部连年匪乱，所经各地以此为最枯槁，一入潼关便又有江南风味了。江南的景色，全点染在一个平面上，高的无非是山，低的无非是水而已，绝没有如河南陕西一带，即平地而亦有如许起伏不平之势者。这黄河流域的层层黄土，如果能经人工布置，秀丽必能胜江南十倍。因为所差只是人工，气候上已毫无问题，凡北方所不能种植的树木花草，如丈把高的石榴树，一丈高的木槿花，白色的花与累赘的实，在西安到处皆是，而在北地是从未曾见的。

　　自然所给予他们的并不甚薄，而陕西人因为连年兵荒，弄得活动的能力几乎极微了。原因不但在民国后的战争，历史上从五胡乱华起一直到清末回匪之乱，几乎每代都有大战一次一次地斫丧陕西人的元气，所以陕西人多是安静，沉默，和顺的；这在知识阶级，或者一部分是关中的累代理学家所助成的也未可知。不过劳动阶级也是如此：洋车夫，骡车夫等，在街上互相冲撞，继起的大抵是一阵客气的质问，没有见过恶声相向的。说句笑话，陕西不但人们如此，连狗们也如此。我因为怕中国西部地方太偏僻，特别预备两套中国衣服带去，后来知道陕西的狗如此客气，终于连衣包也没有打开，并深悔当时以小人之心度君子之腹。（北京尚有目我为日本人者，见陕西之狗应当愧死。）陕西人以此种态度与人相处，当然减少许多争斗，但用来对付自然，是绝对的吃亏的。我们赴陕的时候，火车只能由北京乘至河南陕州，从陕州到潼关，尚有一百八十里黄河水道，可笑我们一共走了足足四天。在南边，出门时常闻人说："顺风！"这句话我们听了都当作过耳春风，谁也不去理会话中的意义；到了这种地方，才顿时觉悟所谓"顺风"者有如此大的价值，平常我们无非托了洋鬼子的洪福，来往于火车轮船能达之处，不把顺风逆风放在眼里而已。

　　黄河的河床高出地面，一般人大都知道，但这是下游的情形，上流并不如此。我们所经陕州到潼关一段，平地每比河面高出三五丈，在船中望去，似乎两岸都是高山，其实山顶就是平地。河床是非常稳固，既不会泛滥，更不会改道，与下流情势大不相同。但下流之所以淤塞，原因还在上流。上流的两岸，虽然高出河面三五丈，但土质并不坚实，一遇大雨，或遇急流，河岸泥壁，可以随时随地，零零碎碎地倒下，夹河水流向下游，造成河床高出地面的危险局势；这完全是上游两岸没有森林的缘故。森林的功用，第一可以巩固河岸，其次最重要的，可以使雨水入河之势转为和缓，不致挟黄土以俱下。我们同行的人，于是在黄河船中，仿佛"上坟船里造祠堂"一般，大计划黄河两岸的森林事业。公家组织，绝无希望，故只得先借助于迷信之说，云能种树一株者增寿一纪，伐树一株者减寿如之，使河岸居民踊跃种植。从沿河种起，一直往里种去，以三里为最低限度。造林的目的，本有两方面：其一是养成木材，其二是造成森林。在黄河两岸造林，既是困难事业，灌溉一定不能周到的，所以选材只能取那易于长成而不需灌溉的种类，即白杨、洋槐、柳树等等是已。这不但能使黄河下游永无水患，简直能使黄河流域尽成膏腴，使古文明发源之地再长新芽，使中国顿受一个推陈出新的局面，数千年来梦想不到的"黄河清"也可以立时实现。河中行驶汽船，两岸各设码头，山上建筑美丽的房屋，以石阶达到河边，那时坐在汽船中凭眺两岸景色，我想比现在装在白篷帆船中时，必将另有一副样子。古来文人大抵有治河计划。见于小说者如《老残游记》与《镜花缘》中，各有洋洋洒洒的大文。而实际上治河官吏，到现在还墨守着"抢堵"两个字。上面所说也无非是废话，看作"上坟船里造祠堂"可也。

我们回来的时候，除黄河以外，又经过渭河。渭河横贯陕西全省，东至潼关，是其下流，发源一直在长安咸阳以上。长安方面，离城三十里，有地曰草滩者，即渭水流经长安之巨埠。从草滩起，东行二百五十里，抵潼关，全属渭河水道。渭河虽在下游，水流也不甚急，故二百五十里竟走了四天有半。两岸也与黄河一样，虽间有村落，但不见有捕鱼的。殷周之间的渭河，不知是否这个样子，何以今日竟没有一个渔人影子呢？陕西人的性质，我上面大略说过，渭河两岸全是陕人，其治理渭河的能力盖可想见，我很希望陕西水利局长李宜之先生的治渭计划一旦实行，陕西的局面必将大有改变，即陕西人之性质亦必将渐由沉静的变为活动的，与今日大不相同了。但据说陕西与甘肃较，陕西还算是得风气之先的省份。陕西的物质生活，总算低到极点了，一切日常应用的衣食工具，全须仰给于外省，而精神生活方面，则理学气如此其重，已尽够使我惊叹了；但在甘肃，据云物质的生活还要低降，而理学的空气还要严重哩。夫死守节是极普遍的道德，即十几岁的寡妇也得遵守，而一般苦人的孩子，十几岁还衣不蔽体，这是多么不调和的现象！我劝甘肃人一句话，就是穿衣服，给那些苦孩子们穿衣服。

但是"穿衣服"这句话，我却不敢用来劝告黄河船上的船夫。你且猜想，替我们摇黄河船的，是怎么样的一种人。我告诉你，他们是赤裸裸一丝不挂的。他们紫黑色的皮肤之下，装着健全的而又美满的骨肉。头发是剪了的，他们只知道自己的舒适，决不计较"和尚吃洋炮，沙弥戳一刀，留辫子的有功劳"这种利害。他们不屑效法辜汤生（即辜鸿铭）先生，但也不屑效法我们。什么平头，分头，陆军式，海军式，法国式，美国式，于他们全无意义。他们只知道头发长了应该剪下，并不想到剪剩了的头发上还可以翻腾种种花样。鞋子是不穿的，所以他们的五个脚趾全是直伸，并不像我们从小穿过京式鞋子，这个脚趾压在那个脚趾上，那个脚趾又压在别个脚趾上。在中国，画家要找一双脚的模特儿就甚不容易，吴新吾先生遗作《健》的一幅，虽在"健"的美名之下，而脚趾尚是架床叠屋式的，为世诟病，良非无因。而我们竟于困苦旅行中无意得之。真是"不亦快哉"之一。我在黄河船中，身体也练好了许多，例如平常必掩窗而卧，船中前后无遮蔽，居然也不觉有头痛身热之患。但比之他们仍是小巫见大巫。太阳还没有做工，他们便做工了。这时候他们就是赤裸裸不挂一丝的，倘使我们当之，恐怕非有棉衣不可。烈日之下，我们一晒着便要头痛，他们整天地晒着，似乎并不觉得。他们的形体真与希腊的雕像毫无二致，令我们钦佩到极点了。我们何曾没有脱去衣服的勇气，但是羞呀，我们这种身体，除了配给医生看以外，还配再给谁看呢，还有脸再见这样美满发达的完人吗？自然，健全的身体是否宿有健全的精神，是我们要想知道的问题。我们随时留心他们的知识。当我们回来时，舟行渭水与黄河，同行者三人，据船夫推测我们的年龄是：我最小，"大约一二十岁，虽有胡子，不足为凭"。夏浮筠先生"虽无胡子"但比我大，总在二十以外。鲁迅先生则在三十左右了。次序是不猜错的，但几乎每人平均减去了二十岁。这因为病色近于少年，健康色近于老年的缘故，不涉他们的知识问题。所以我们看他们的年纪，大抵都是四十上下，而不知内有六十余者，有五十余者，有二十五者，有二十者，亦足见我们的眼光之可怜了。二十五岁的一位，富于研究的性质，我们叫他为研究系（这又是我们的不是了）。他除了用力摇船拉纤以外，有暇便踞在船头或船尾，研究我们的举动。夏先生吃苏打水，水浇在苏打上，如化石灰一般有声，这自然被认为魔术。但是魔术性较少的，他们也件件视为奇事。一天夏先生穿汗衫，他便凝神注视，看他两手先后伸进袖子去，头再在当中的领窝里钻将出来。夏先生问他"看什么"，他答道"看穿衣服"。可怜他不知道中国文里有两种"看什么"，一种下面加"惊叹号"的是"不准看"之意，又一种下面加"疑问号"的才是真的问看什么。他竟老老实实地答说"看穿衣服"了。夏先生问："穿衣服都没有看见过吗？"他说："没有看见过。"知识是短少，他们的精神可是健全的。至于物质生活，那自然更低陋。他们看着我们把铁罐一个一个地打开，用筷子夹出鸡肉鱼肉来，觉得很是新鲜，吃完了把空罐给他们又是感激万分了。但是我的见识，何尝不与他们一样的低陋：船上请我们吃面的碗，我的一只是浅浅的，米色的，有几笔疏淡的画的，颇类于出土的宋磁，我一时喜欢极了，为使将来可以从它唤回黄河船上生活的旧印象起见，所以问他们要来了，而他们的豪爽竟使我惊异，比我们抛弃一个铁罐还要满不在乎。

游陕西的人第一件想看的必然是古迹。但是我上面已经说过，累代的兵乱把陕西人的民族性都弄得沉静和顺了，古迹当然也免不了这同样的灾厄。秦都咸阳，第一次就遭项羽的焚毁。唐都并不是现在的长安，现在的长安城里几乎看不见一点唐人的遗迹。只有一点：长安差不多家家户户，门上都贴诗贴画，式如门对而较短阔，大抵共有四方，上面是四首律诗，或四幅山水等类，是别处没有见过的，或者还是唐人的遗风罢。至于古迹，大抵模糊得很，例如古人陵墓，秦始皇的只是像小山那么一座，什么痕迹也没有，只凭一句相传的古话；周文武的只是一块毕秋帆题的墓碑，他的根据也无非是一句相传的古话。况且陵墓的价值，全在有系统的发掘与研究。现在只凭传说，不求确知墓中究竟是否秦皇汉武，而姑妄以秦皇汉武崇拜之，即使有认贼作父的嫌疑也不在意。无论在知识上，还是感情上，这种盲目的崇拜都是无聊的。适之先生常说，孔子的坟墓总得掘他一掘才好，这一掘也许能使全部哲学史改换一个新局面，但是谁肯相信这个道理呢？周秦的坟墓自然更应该发掘了。现在所谓的周秦坟墓，实际上是不是碑面上所写的固属疑问，但也是一个古人的坟墓是无疑的。所以发掘可以得到两方面的结果，一方是存心要发掘的，一方是偶然掘着的。但谁有这样的兴趣，又谁有这样的胆量呢？私人掘着的，第一是目的不正当，他们只想得钱，不想得知识，所以把发掘古坟看作掘藏一样，一进去先将金银珠玉抢走，其余土器石器，来不及带走的，便胡乱搬动一番，重新将坟墓盖好，现在发掘出来，见有乱放瓦器石器一堆者，大抵是已经古人盗掘的了。大多数人的意见，既不准有系统的发掘，而盗掘的事，又是自古已然，至今而有加无已。结果古墓依然尽被掘完，而知识上一无所得的。国人既如此不争气，世界学者为替人类增加学问起见，不远千里而来动手发掘，我们亦何敢妄加坚拒呢？陵墓而外，古代建筑物，如大小二雁塔，名声虽然甚为好听，但细看他的重修碑记，至早也不过是清之乾嘉，叫人如何引得起古代的印象？照样重修，原不要紧，但看建筑时大抵加入新鲜分子，所以一代一代的去真愈远。就是函谷关这样的古迹，远望去也已经是新式洋楼气象。从前绍兴有陶六九之子某君，被县署及士绅嘱托，重修兰亭屋宇。某君是布业出身，布业会馆是他经手建造的，他又很有钱，决不会从中肥己，成绩宜乎甚好了，但修好以后一看，兰亭完全变了布业会馆的样子，邑人至今为之惋惜。这回我到西边一看，才知道天下并非只有一个陶六九之子，陶六九之子到处多有的。只有山水，恐怕不改旧观，但曲江灞浐，已经都有江没有水了。渡灞大桥，即是灞桥，长如绍兴之渡东桥，阔大过之，虽是民国初年重修，但闻不改原样，所以古气盎然。山最有名者为华山。我去时从潼关到长安走旱道经过华山之下，回来又在渭河船上望了华山一路。华山最感人的地方，在于他的一个"瘦"字；他的瘦真是没有法子形容，勉强谈谈，好像是绸缎铺子里的玻璃柜里，瘦骨伶仃的铁架子上，披着一匹光亮的绸缎。他如果是人，一定是耿介自守的，但也许是鸦片大瘾的。这或者就是华山之下的居民的象征罢。古迹虽然游的也不甚少，但大都引不起好感，反把从前的幻想打破了；鲁迅先生说，看这种古迹，好像看梅兰芳扮林黛玉，姜妙香扮贾宝玉，所以本来还打算到马嵬坡去，为避免看后的失望起见，终于没有去。

其他，我也到卧龙寺去看了藏经。说到陕西，人们就会联想到圣人偷经的故事。如果不是半年前有圣人去偷经，我这回也未必去看经罢。卧龙寺房屋甚为完整，是清慈禧太后西巡时重修的，距今不过二十四年。我到卧龙寺的时候，方丈定慧和尚没有在寺，我便在寺内闲逛。忽闻西屋有孩童诵书之声，知有学塾，乃进去拜访老夫子。分宾主坐下以后，问知老夫子是安徽人，因为先世宦游西安，所以随侍在此，前年也曾往北京候差，住在安徽会馆，但终不得志而返。谈吐非常文雅，而衣服则褴褛已极；大褂是赤膊穿的，颜色如用酱油煮过一般，好几颗纽扣都没有搭上；虽然拖着破鞋，但是没有袜子的；嘴上两撇清秀的胡子，圆圆的脸，但不是健康色，——这时候内室的鸦片气味一阵阵地从门帷缝里喷将出来，越发使我了解他的脸色何以黄瘦的原因。他只有一个儿子在身边，已没有了其他眷属。我问他："自己教育也许比上学堂更好罢？"他连连地答说："也不过以子代仆，以子代仆！"桌上摊着些字片画片，据他说是方丈托他补描完整的，他大概是方丈的食客一流。他不但在寺里多年，熟悉寺内一切传授系统，即与定慧方丈也是非常知己，所以他肯引导我到各处参观。藏经共有五柜，当初制柜是全带抽屉的，制就以后始知安放不下，遂把抽屉统统去掉，但去掉以后又只能放满三柜，所以两柜至今空着。柜门外描有金采龙纹，四个大金字是"钦赐龙藏"。花纹虽尚清晰，但这五个柜确是经过祸难来的：最近是道光年间寺曾荒废，破屋被三数个戏班作寓，藏经虽非全被损毁，但零落散失了不少；咸同间，某年循旧例于六月六日晒经，而不料是日下午忽有狂雨，寺内全体和尚一齐下手，还被雨打得半干不湿，那时老夫子还年轻，也帮同搬着的。但经有南北藏之分，南藏纸质甚好，虽经雨打，晾了几天也就好了；北藏却从此容易受潮，到如今北藏比南藏还差逊一筹。虽说宋代藏经，其实只是宋板明印，不过南藏年代较早，是洪武时在南京印的，北藏较晚，是永乐时在北京印的。老夫子并将南藏缺本，郑重地交我阅看，知纸质果然坚实，而字迹也甚秀丽。怪不得圣人见之，忽然起了邪念。我此次在陕，考查盗经情节，与报载微有不同。报载追回地点云在潼关，其实刚刚装好箱箧，尚未运出西安，即被陕人扣留。但陕人之以家藏古玩请圣人品评者，圣人全以"谢谢"二字答之，就此收下带走者为数亦甚不少。有一学生投函指摘圣人行检，圣人手批"交刘督军严办"字样。圣人到陕，正在冬季，招待者问圣人说，"如缺少什么衣服，可由这边备办"。圣人就援笔直书。开列衣服单一长篇，内计各种狐皮袍子一百几十件云。陕人之反对偷经最烈者，为李宜之杨叔吉二先生。李治水利，留德学生，现任水利局长；杨治医学，留日学生，现任军医院军医。二人性情均极和顺，言谈举止，沉静而又委婉，可为陕西民族性之好的一方面的代表。而他们对于圣人，竟亦忍无可忍，足见圣人举动，必有太令人不堪的了。

陕西艺术空气的厚薄，也是我所要知道的问题。门上贴着的诗画，至少给我一个当前的引导。诗画虽非新作，但笔致均楚楚可观，绝非市井细人毫无根柢者所能办。然仔细研究，此种作品，无非因袭旧套，数百年如一日，于艺术空气全无影响。唐人诗画遗风，业经中断，而新芽长发，为时尚早。我们初到西安时候，见招待员名片中，有美术学校校长王先生者，乃与之接谈数次。王君年约五十，前为中学几何画教员，容貌清秀，态度温和，而颇喜讲论。陕西教育界现况，我大抵即从王先生及女师校长张先生处得来。陕西因为连年兵乱，教育经费异常困难。前二三年，有每年只能领到七八个月者，或半年者，但近来秩序渐渐恢复，已有全发之希望。只要从今以后，两三年不动兵戈，一方实行省长所希望的农兵工各事业，一方赶紧兴修陇海路陕州到西安铁道，则不但教育实业将日有起色，即关中人的生活状态亦将大有改变，而艺术空气，或可借以加厚。我与王先生晤谈以后，颇欲乘暇参观美术学校，一天，偕陈定谟先生出去闲步，不知不觉到了美术学校门口，我提议进去参观，陈先生也赞成。一进门，就望见满院花草，在这花草丛中，远处矗立着一所刚造未成的教室，虽然材料大抵是黄土，这是陕西受物质的限制，一时没有法子改良的，而建筑全用新式，于以证明已有人在这环境的可能状态之下，致力奋斗。因值星期，且在暑假，校长王君没有在校，出来应答的是一位教员王君。从他这里，我们得到许多关于美术学校困苦经营的历史。陕西本来没有美术学校。自他从上海专科师范毕业回来，封至模先生从北京美术学校毕业回来，西安才有创办美术学校的运动。现在的校长，是王君在中学时的教师，此次王君创办此校，乃去邀他来做校长。学校完全是私立的，除靠所入学费以外，每年得省署些许资助。但办事人真能干事；据王君说，这一点极少的收入，不但教员薪水，学校生活费，完全仰给于它，还要省下钱来，每年渐渐地把那不合学校之用的旧校舍，局部的改换新式。教员的薪水虽然甚少，仅有五角钱一小时，但从来没有欠过，新教室已有两所，现在将要落成的是第三所了。学校因为是中学程度，而且目的是为养成小学的美术教师的，功课自然不能甚高。现有图画音乐手工三科，课程大抵已臻美备。图画音乐各有特别教室。照这样困苦经营下去，陕西的艺术空气，必将死而复苏，薄而复厚，前途的希望是甚大的。所可惜者，美术学校尚不能收女生。据王君说，这个学校的前身，是一个速成科性质，曾经毕过一班业，其中也有女生的，但甚为陕西人所不喜，所以从此不敢招女生了。女师校长张先生说，女师学生尚有一部分是缠足的，然则不准与男生同学美术，亦自是意中事了。

美术学校以外，最引我注目的艺术团体是"易俗社"。旧戏毕竟是高古的，平常人极不易懂，凡是高古的东西，懂得的大抵只有两种人，就是野人和学者。野人能在实际生活上得到受用，学者能用科学眼光来从事解释，于平常人是无与的。以宗教为例，平常人大抵相信一神教，唯有野人能相信荒古的动物崇拜等等，也唯有学者能解释荒古的动物崇拜等等。以日常生活为例，唯有野人能应用以石取火，也唯有学者能了解以石取火，平常人大抵擦着磷寸（即火柴）一用就算了。野人因为没有创造的能力，也没有创造的兴趣，所以恋恋于祖父相传的一切；学者因为富于研究的兴趣，也富于研究的能力，所以也恋恋于祖父相传的一切。我一方不愿为学者，一方亦不甘为野人，所以对于旧戏是到底隔膜的。隔膜的原因也很简单，第一，歌词大抵是古文，用古文歌唱教人领悟，恐怕比现代欧洲人听拉丁文还要困难，第二，满场的空气，被刺耳的锣鼓，震动得非常混乱，即使提高了嗓子，歌唱着现代活用的言语，也是不能懂得的，第三，旧戏大抵只取全部情节的一段或前或后，或在中部，不能一定。而且一出戏演完以后，第二出即刻接上，其中毫无间断。有一个外国人看完中国戏以后，人家问他看的是什么戏，他说"刚杀罢头的地方，就有人来喝酒了，这不知道是什么戏"。他以为提出这样一个特点，人家一定知道什么戏的了，而不知杀头与饮酒也许是两出戏中的情节，不过当中衔接得太紧，令人莫名其妙罢了。我对于旧戏既这样的外行，那么我对于陕西的旧戏理宜不开口了，但我终喜欢说一说"易俗社"的组织。易俗社是民国初元张凤翙作督军时代设立的，到现在已经有十二年的历史。其间办事人时有更动，所以选戏的方针也时有变换，但为改良秦腔，自编剧本，是始终一贯的。现在的社长，是一个绍兴人，久官西安的吕南仲先生。承他引导我们参观，并告诉我们社内组织；学堂即在戏馆间壁，外面是两个门，里边是打通的；招来的学生，大抵是初小程度，间有一字不识的，社中即授以初高小一切普通课程，而同时教练戏剧；待高小毕业以后，入职业特班，则戏剧功课居大半了。寝室、自修室、教室俱备，与普通学堂一样，有花园，有草地，空气很是清洁。学膳宿费是全免的，学生都住在校中。演戏的大抵白天是高小班，晚上是职业班。所演的戏，大抵是本社编的，或由社中请人编的，虽于腔调上或有些许的改变。但由我们外行人看来，依然是一派秦腔的旧戏。戏馆建筑是半新式的，楼座与池子像北京之广德楼，而容量之大过之；舞台则为圆口而旋转式，并且时时应用旋转；亦有布景，唯稍简单；衣服有时亦用时装，唯演时仍加歌唱，如庆华园之演《一念差》，不过唱的是秦腔罢了。有旦角大小刘者，大刘曰刘迪民，小刘曰刘箴俗，最受陕西人赞美。易俗社去年全体赴汉演戏，汉人对于小刘尤为倾倒，有东梅西刘之目。张辛南先生尝说："你如果要说刘箴俗不好，千万不要对陕西人说，因为陕西人无一不是刘党。"其实刘箴俗演得确不坏，我与陕西人是同党的。至于以男人而扮女子，我也与夏浮筠刘静波诸先生一样，始终持反对的态度，但那是根本问题，与刘箴俗无关。刘箴俗三个字，在陕西人的脑筋中，已经与刘镇华三个字差不多大小了，而刘箴俗依然是个好学的学生，我在教室中，成绩榜上，都看见刘箴俗的名字。这一点我佩服刘箴俗，更佩服易俗社办事诸君。易俗社现在已经独立得住，戏园的收入竟能抵过学校的开支而有余，宜乎内部的组织有条不紊了。但易俗社的所以独立得住，原因还在于陕西人爱好戏剧的性习。西安城内，除易俗社而外，尚有较为旧式的秦腔戏园三，皮黄戏园一，票价也并不如何便宜，但总是满座的，楼上单售女座，也竟没有一间空厢，这是很奇特的。也许是陕西连年兵乱，人民不能安枕，自然养成了一种"子有酒食，何不日鼓瑟，且以喜乐，且以永日"的人生观。不然，就是陕西人真正爱好戏剧了。至于女客满座，理由也甚难解。陕西女子的地位，似乎是极低的，而男女之大防又是极严。一天我在《新秦日报》（陕西省城的报纸共有四五种，样子与《越铎日报》《绍兴公报》等地方报差不多，大抵是二号题目，四号文字。销数总在一百以外，一千以内，如此而已）上看见一

则甚妙的新闻，大意是：离西安城十数里某乡村演剧，有无
赖子某某，向女客某姑接吻，咬伤某姑嘴唇，大动众怒，有
卫戍司令部军人某者，见义勇为，立将佩刀拔出，砍下无赖
子首级，悬挂台柱上，人心大快。末了撰稿人有几句论断更
妙，他说这真是快人快事，此种案件如经法庭之手，还不是
与去年某案一样含糊了事，任凶犯逍遥法外吗？这是陕西一
部分人的道德观念、法律观念、人道观念。城里礼教比较的
宽松，所以妇女竟可以大多数出来听戏，但也许因为相信城
里没有强迫接吻的无赖。

　　陕西的酒是该记的。我到潼关时，潼人招待我们的席
上，见到一种白干似的酒，气味比白干更烈，据说叫作"凤
酒"因为是凤翔府出的。这酒给我的印象甚深，我还清清
楚楚地记得，酒壶上刻着"桃林饭馆"字样，因为潼关即
古"放牛于桃林之野"的地方，所以饭馆以此命名的。我以
为陕西的酒都是这样猛烈的了，而孰知并不然。凤酒以外，
陕西还有其他的酒，都是和平的。仿绍兴酒制的南酒有两
种，"甜南酒"与"苦南酒"。苦南酒更近于绍兴，但如坛底
的浑酒，是水性不好，或手艺不高之故。甜南酒则离南酒甚
远，色如"五加皮"而殊少酒味。此外尚有"酣酒"一种，
色白味甜，性更和缓，是长安名产，据云"长安市上酒家
眠"就是饮了酣酒所致。但我想酣酒即使饮一斗也是不会教
人眠的，李白也许是饮的"凤酒"罢，故乡有以糯米做甜酒
酿者，做成以后，中有一洼，满盛甜水，俗曰"蜜劲殷"盖

酬酒之类也。除此四种以外，外酒入关，几乎甚少。酒类运输，全仗瓦器，而沿途震撼，损失必大。同乡有在那边业稻香村一类店铺者，但不闻有酒商足迹。稻香村货物，比关外贵好几倍，五加皮酒售价一元五角，万寿山汽水一瓶八角，而尚无可赚，路中震坏者多也。

陕西语言本与直鲁等省同一统系，但初听亦有几点甚奇者。途中听王捷三先生说"汽费"二字，已觉诧异，后来凡见陕西人几乎无不如此，才知道事情不妙。盖西安人说S，有一大部分代以F者，宜乎汽水变为"汽费"，读书变为"读甫"，暑期学校变作"夫期学校"，省长公署变作"省长公府"了。一天同鲁迅先生去逛古董铺，见有一个石雕的动物，辨不出是什么东西，问店主，则曰"夫"。这时候我心中乱想：犬旁一个夫字罢，犬旁一个甫字罢，豸旁一个富字罢，豸旁一个付字罢，但都不像。三五秒之间，思想一转变，说他所谓Fu者也许是Su罢，于是我的思想又要往豸旁一个苏字等处乱钻了，不提防鲁迅先生忽然说出，"呀，我知道了，是鼠。"但也有近于S之音而代以F者，如"船"读为"帆""顺水行船"，读为"奋费行帆"，觉得更妙了。S与F的捣乱以外，还有稍微与外间不同的，是D音都变为ds，T音变为ts，所以"谈天"近乎"谈千""一定"近乎"一禁"，姓"田"的人自称近乎姓"钱"，初听都是很特别的。但据调查，只有长安如此，外州县就不然。刘静波先生且说："我们渭南人，有学长安口音者，与学长安其他时髦恶习一样的被人看不起。"但这种特别之处,都与交通的不便有关,交通的不便,影响于物质生活方面,是显而易见的。汽水何以要八毛钱一瓶呢?据说本钱不过一毛余,捐税也不过一毛余,再赚一毛余,四毛钱定价也可以卖了。但搬运的时候,瓶塞冲开与瓶子震碎者,辄在半数以上,所以要八毛钱了。(长安房屋,窗上甚少用玻璃者,也是吃了运输的亏。)交通不便之影响于精神方面,比物质方面尤其重要。陕西人通称一切开通地方为"东边",上海北京南京都在东边之列。我希望东边人的物质生活与精神生活的好的一部分,随着陇海路输入关中,关中必有产生较有价值的新文明的希望的。

陕西而外,给我甚深印象的是山西。我们在黄河船上,就听见关于山西的甚好口碑。山西在黄河北岸,河南在南岸,船上人总赞成夜泊于北岸,因为北岸没有土匪,夜间可以高枕无忧。(我这次的旅行,使我改变了土匪的观念:从前以为土匪必是白狼、孙美瑶、老洋人一般的,其实北方所谓土匪,包括南方人所谓盗贼二者在内。绍兴诸嵊一带,近来也学北地时髦,时有大股土匪,掳人勒赎,有"请财神"与"请观音"之目,财神男票,观音女票,即快票也。但不把"贼骨头"计算在土匪之内。来信中所云"梁上君子",在南边曰贼骨头,北地则亦属于土匪之一种,所谓黄河岸上之土匪者,贼而已矣。)我们本来打算从山西回来,向同乡探听路途,据谈秦豫骡车可以渡河入晋,山西骡车不肯南渡而入豫秦，盖秦豫尚系未臻治安之省份，而山西则治安省份也。山西人之摇船与赶车者，从不知有为政府当差的义务，豫陕就不及了。山西的好处，举其荦荦大者，据闻可以有三：即一，全省无一个土匪，二，全省无一株鸦片，三，禁止妇女缠足是。即使政治方针上尚有可以商量之点，但这三件已经有足多了。固然，这三件在江浙人看来，也是了无价值，但因为这三件的反面，正是豫陕人的缺点，所以在豫陕人的口碑上更觉有重大意义了。后来我们回京虽不走山西，但舟经山西，特别登岸参观。（舟行山西河南之间，一望便显出优劣，山西一面果木森森，河南一面牛山濯濯。）上去的是永乐县附近一个村子，住户只有几家，遍地都种花红树，主人大请我们吃花红，在树上随摘随吃，立着随吃随谈，知道本村十几户共有人口约百人，有小学校一所，村中无失学儿童，亦无游手好闲之辈。临了我们以四十铜子，买得花红一大筐，在船上又大吃。夏浮筠先生说，便宜而至于白吃，新鲜而至于现摘，是生平第一次，我与鲁迅先生也都说是生平第一次。

陇海路经过洛阳，我们特为下来住了一天。早就知道，洛阳的旅店以"洛阳大旅馆"为最好，但一进去就失望，洛阳大旅馆并不是我想象中的洛阳大旅馆。放下行李以后，出到街上去玩，民政上看不出若何成绩，只觉得跑来跑去的都是妓女。古董铺也有几家，但货物不及长安的多，假古董也所在多有。我们在外面吃完晚饭以后匆匆回馆。馆中的一夜更难受了。先是东拉胡琴，西唱大鼓，同院中一起有三四组，闹的个天翻地覆。十一时余"西藏王爷"将要来馆的消息传到了。这大概是班禅喇嘛的先驱，洛阳人叫作"到吴大帅里来进贡的西藏王爷"的。从此人来人往，闹到十二点多钟，"西藏王爷"才穿了枣红宁绸红里子的夹袍幡然莅止。带来的翻译，似乎汉语也不甚高明，所以主客两面，并没有多少话。过了一会，我到窗外去偷望，见红里红外的袍子已经脱下，"西藏王爷"却卸了土布白小褂裤，在床上懒懒地躺着，脚上穿的并不是怎么样的佛鞋，却是与郁达夫君等所穿的时下流行的深梁鞋子一模一样。大概是夹袍子裹得太热了，外传有小病，我可证明是的确的。后来出去小便，还是由两个人扶了走的。妓女的局面静下去，王爷的局面闹了；王爷的局面刚静下，妓女的局面又闹了。这样一直到天明，简直没有睡好觉。次早匆匆地离开洛阳了，洛阳给我的印象，最深刻的只有"王爷"与妓女。

现在再回过头来讲"苦雨"。我在归途的京汉车上，见到久雨的痕迹，但不知怎样，我对于北方人所深畏的久雨，不觉得有什么恶感似的，正如来信所说，北方因为少雨，所以对于雨水没有多少设备，房屋如此，土地也如此。其实这样一点雨量，在南方真是家常便饭，有何水灾之足云。我在京汉路一带，又觉得所见尽是江南景色，后来才知道遍地都长了茂草，把北方土地的黄色完全遮蔽，雨量即不算多，现在的问题是在对于雨水的设备。森林是要紧的，河道也是要紧的。冯军这回出了如此大力，还在那里实做"抢堵"两个字。我希望他们"百尺竿头更进一步"，在水灾平定以后再做一番疏浚并沿河植树的功夫，则不但这回气力不算白花，以后可以一劳永逸了。

生平不善为文，而先生却以秦游记见勖，乃用偷懒的方法。将沿途见闻及感想，拉杂书之如右，敬请教正。

伏 园

一九二四年七月

鲁迅先生二三事

孙伏园 著

中国文史出版社